고등학교를 휴학하고 나서 나는 사람들을 만나는 것이 더 싫어졌다.
학교를 휴학했다는 사실은 나에게 큰 부끄러움이었고,
그것을 남들에게 들키지 않기 위해 노력해야 했기 때문이다.

혼자가 된 17세
실패한 걸까요?

장승필 지음

"

선생님 비가 내려 상쾌한 아침이네요.
오늘 승필이와의 수업이 잘 진행되길 기대하게 되네요.

2024년 2월5일
시작

책 속의 한 줄 - 승필의 단상

사람은 누구나 무언가가 되고 싶죠.
무엇이 되고 싶은가?
왜 되고 싶은가?
그래서 지금 난 무엇을 할 것인가?

그런 게 중요하죠……

2024.2.7

DADOL
PUBLISHING
HOUSE

소년에게 보이는 세계는 극복해야 할 대상이고 보이지 않는 세계는 쉴 새 없이 밀려드는 두려움일지도 모르겠다.

그 틈에 끼워진, 접혀진 세상엔 실날같은 희망이 숨죽이고 있었다.

희망이란 녀석은 늘 소심하다. 바람이 일렁이면 잠시 보였다 빗방울이 떨어지면 다시 사라지고 만다.

이토록 불안정한 청소년기를 살아내는 지금, 그저 스쳐지나갈 찰라의 순간을 애써 기록에 남기고자 했던 너의 수고로움이 눈부셨다.

승필, 너라서 할 수 있었다.

2024.7.20.다돌

생각은 글이 되고 글은 책이 된다

| 2024년 2월~7월　| 승필이의 이야기…

CONTENTS

프롤로그

PART1 나를 만나다

1. 나를 표현하는 단어들
2. 내가 생존하는 방법
3. 나는 숨기로 했다.
4. 나는 누구인가
5. 나에게 학교란?
6. 편안하다는 착각
7. 나눔
8. 행복의 허상

PART2 여행

1. 떠나기 전 여행 준비
2. 여행자가 되다
3. 탄자니아의 첫인상
4. 제레마이아를 만나고 1
5. 제레마이아를 만나고 2
6. 제레마이아를 만나고 3
7. 세렝게티에서

8. 다양성의 조화

9. 음식으로 바라본 탄자니아

10. 잔지바르

11. This is Africa

PART3 나름, 타이탄의 도구들

1. 나름, 타이탄의 도구들

2. 비행기에서 생긴 일

3. 센터의 친구들

4. '나는 메트로폴리탄 미술관의 경비원입니다'를 읽고.

5. 피로 만든 규칙, 개와 고양이의 진실

6. 음악으로 만난 세상. 슈퍼 슈퍼 그래요

7. 모든 것은 상상하기에 달렸다.

8. 나의 수집 목록

9. 체스

10. 성공을 향해서

11. 스토리

에필로그

Special Thanks to...

프롤로그

 많은 사람이 보통 세 가지 시간대, 과거, 현재, 미래에 살고 있다고 생각한다. 과거, 현재, 미래. 우리는 과거의 경험에서 배우고 현재에 적용하여 미래를 대비한다. 하지만 우리 인생에서 때때로 과거라 부르기에는 현실적이고 현재라 부르기에는 약간 떨어져 있으며 미래라고 부르기에는 계획이 없는 시간대가 찾아온다. 이 책은 나의 그런 시기에 쓰였다. 휴식이라고 부르기에는 고통스러운 상태이지만, 벌이라고 말하기에는 편안한 '무'의 상태이다. 현대 세상은 너무 빠르게 변화하고 있다. 사람들의 일상은 너무 세세하게 계획되어 있어 가만히 있을 시간을 주지 않는다. 가만히 있을 수 없다는 것은 사람들에게 자신을 찾을 기회를 빼앗는다. '진짜 나'는 마치 양파와 같아서, 가만히 앉아 차분하게 껍질을 하나씩 벗겨야만 만날 수 있다. 물론 그 과정에서 눈물, 콧물이 날 수도 있다. 이 책은 '진짜 나'를 만나는 과정이다.

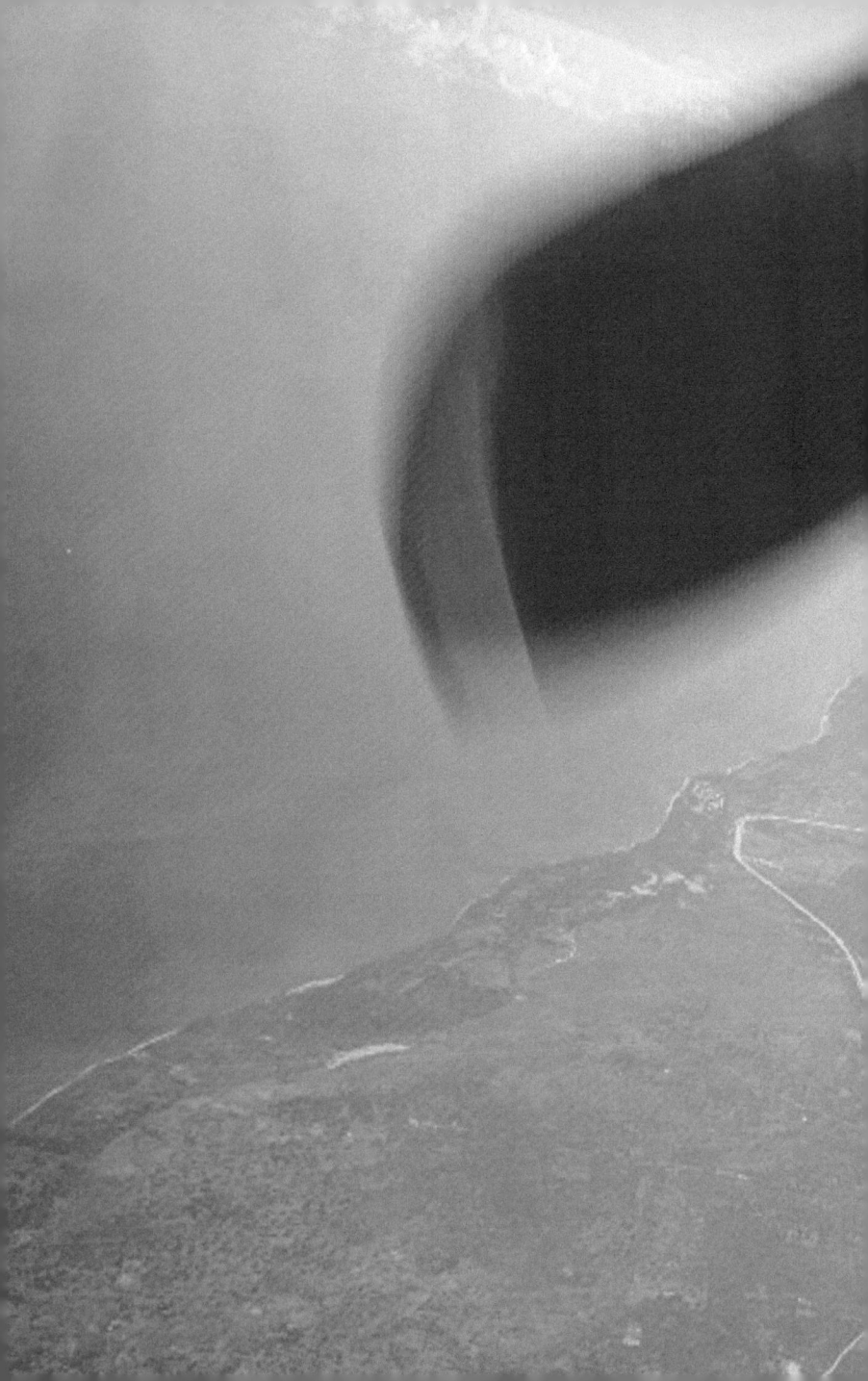

PART 1
나를 만나다

"

1. 나를 표현하는 단어들

과거

스포츠

어렸을 때부터 부모님의 권유로 축구, 야구, 농구, 수영, 아이스하키 등 다양한 스포츠를 경험했다. 어릴 때는 아무 생각 없이 시키니까 했지만, 하다 보니 내가 운동에 어느 정도 재능이 있는 것을 알게 되었다. 어떤 운동을 해도 대부분 평균 이상의 실력을 가질 수 있었고, 특히 아이스하키에서는 팀 내에서 1, 2위를 다투는 실력이었다. 그 후, 초등학교 고학년이 되어 본격적으로 공부에 시간을 많이 쓰기 시작했을 때는 예전처럼 스포츠를 다양하게 즐길 수 없었다. 하지만 다행히도 학교에서 어머님들이 농구팀을 만들어 주셔서 단체로 친구들과 농구를 즐길 수 있게 되었다. 농구는 어렸을 때부터 공부로 스트레스가 많았던 나의 탈출구가 되었다.

영화

나는 어려서부터 항상 걱정이 많았다. 사실 공부를 하거나 숙제를 해야 한다는 압박감 자체는 나에게 큰 걱정거리가 아니었다. 어린 시절 나의 걱정의 가장 큰 원인은 바로 걱정 그 자체였다. 내가 남들에 비해 뒤처지는 것이 나에게 가장 큰 걱정이었다. 학교나 학원에서 무엇을 배웠을 때 내가 그것을 이해하지 못할 것 같다는 느낌이 들면 그보다 더 절망적인 상황은 없었다. 나는 그런 절망적인 상황을 회피하기 위해 영화를 시청했다. 영화를 보는 동안에만 느낄 수 있는 편안함이 있었다. 영화의 방대하고 흥미로운 세계관을 체험하고 그것에 대해 생각을 할 때면 차분해지고 잡생각이 사라지며 걱정을 조금이나마 덜어낼 수 있었다.

공부

어렸을 때 가장 많은 시간을 쏟았지만, 정작 할 말은 가장 없는 단어이다. 누구나 그렇듯이, 나 역시 엄마가 시켜서 공부를 하기 시작했다. 어렸을 때 나에게 공부는 싫지도 좋지도 않은, 그냥 엄마가 시켜서 해야 하는 일, 인내해야 하는 고통이었다. 하지만 그 과정에서 알게 모르게 공부에 많은 시간을 쏟으면서 내 또래들보다 어느 정도 더 잘하게 되었을 때, 이것은 나의 자신감과 자존감의 근원이 됐다.

음식

 공부가 내 삶에 고통을 주는 존재였다면 음식은 내 삶에 활력을 주는 존재였다. 공부로 인해 고통받기 전에 음식으로 미리 에너지와 활력을 채워야 정상적인 인간으로 생활할 수 있었다. 따라서, 공부로 인해 받는 스트레스와 고통이 커질수록 더 맛있는 음식을 자주 찾게 되었다. 포도당이 많은 음식들, 특히 더욱 짜고 단 과자, 음료수, 아이스크림 등을 더 많이 찾게 되었다. 하지만 공부로 인한 고통이 줄어들 때도, 이미 너무 맛있는 음식에 중독된 나는 그 양을 줄이지 않았다. 결국 음식은 천천히 내 건강을 망치게 되었다.

현재

음식

　현재도 과거와 같은 이유로 음식이 나에게 굉장히 중요하다. 여전히 음식을 통해 스트레스를 해소하고 있지만 과거와는 그 방식이 달라졌다. 과거에는 영양 성분이 고르지 못한 음식을 과도하게 먹는 것이 행복했다면, 현재는 그런 음식들로 배를 채우는 것보다 더 맛있고 건강한 음식을 한 입이라도 먹는 것이 더 행복해졌다. 나의 식습관을 이렇게 바꾸는 과정엔 노력이 많이 필요했지만, 그 덕분에 건강을 어느 정도 되찾을 수 있었다. 이런 식습관의 단점이라면 입맛이 조금 까다로워졌다는 것, 그리고 메뉴 선정 실패에 대한 부담이 더 크다는 것이다.

복싱

 가장 괴로우면서도 가장 편안한 모순적인 느낌을 주는 단어이다. 복싱을 처음 시작했을 때 나는 90kg이었다. 감량을 위해 매일 30분씩 러닝머신을 뛰고, 추가적으로 다른 복싱 훈련까지 해야 했다. 종아리와 허파가 찢어지는 듯한 고통을 느끼면서까지 운동을 해야만 했다. 어느 정도 기초 체력이 완성되자 스파링을 해야 했다. 처음 보는 사람과 정해진 시간 동안 강제로 싸워야 한다는 것은 두렵고 긴장되는 일이었다. 복싱장에 가면 너무 괴롭고 아프고 힘들 것을 알고 있었기 때문에 매일 가는 길이 마치 도축장에 끌려가는 소와 같았다. 하지만 그럼에도 불구하고 체육관의 편안한 분위기와 운동이 끝난 후의 뿌듯함과 상쾌함 때문에 나는 다시 갈 수밖에 없었다. 체육관의 코치님들도 모두 각자의 서사가 있어 나를 잘 이해해 주었고 나를 운동으로만 평가해 주었다. 운동하러 온 곳에서 운동으로만 평가받는 것이 얼마나 감사한 일인 것을 알게 되었다.

계획

학교에서 정해준 계획대로 살다가 갑자기 1년 휴학을 하게 된 나는, 처음에는 제대로 된 계획이 없었다. 당장 내일의 계획조차 없었기 때문에, 일어나거나 자야 할 시간도 정하지 않고 자유롭게 살기 시작했다. 초반에는 너무 좋았다. 학교에서 강요되던 힘든 일정들에서 벗어나 내가 자고 싶을 때 자고, 일어나고 싶을 때 일어나는 편한 일상을 살게 되었기 때문이다. 또한, 학교에서처럼 당장 내일 해가야 하는 숙제도 없어서 나는 모든 시간을 자유롭게 쓸 수 있게 되었다. 자연스럽게 나는 매우 늦은 새벽에 자고 거의 오후 쯤이 되어서야 일어나는 일상을 반복하게 되었다. 깨어있는 동안에는 의미 없이 유튜브와 SNS만 할 뿐이었다. 하지만 머지않아 뭔가 잘못되었다는 사실을 깨닫게 되었다. 조금만 쉬고 무엇이든 해야겠다는 처음의 목표와는 달리, 어느 순간부터 나는 완전히 모든 것을 놓고 미래에 대한 아무 계획도, 의미도 없이 시간을 보내고 있었던 것이다. 편안한 삶에 중독되어 내가 점점 나의 삶을 망치고 있다는 것을 깨달았다.

장소

고등학교를 쉬게 된 나의 경우는 전국을 뒤져도 찾기 힘든 사례라는 것을 잘 알고 있던 나는 밖을 돌아다니는 것이 두려웠다. 그렇다고 집에만 있을 수도 없었다. 아침에 학교에 있어야 할 내가 집에 있으면 부모님이 좋게 볼 리 없다는 사실은, 안그래도 이미 실패한 나에게 큰 압박감을 주었다. 결국 나는 집을 나갈 수 밖에 없었다. 하지만 막상 나가고 보니 갈 곳이 없었다. 평일 낮에 학생이 거리에 돌아다닐 때 받는 시선을 나는 감당할 수 없었다. 그때부터 나는 방해받지 않을만한 나의 개인적인 공간을 찾기 시작했다. 나는 도서관에 들어갔다. 도서관에는 남녀노소 가리지 않고 정말 다양한 사람들이 있었다. 물론, 그럼에도 평일 낮에 학생은 나밖에 없었지만 조용하며 사람들이 자기 일에만 관심이 있는 곳, 남에게 참견은 커녕 말을 붙이기도 쉽지 않은 곳, 그런 곳은 도서관 뿐이었다.

미래

영화 제작

　당연한 것일지도 모르지만, 사람들은 진심과 진실을 담은 대화를 하는 것을 두려워한다. 자신의 진심을 말하는 것이 상대에게 어떤 상처를 줄지, 사회적으로 어떻게 평가받을지 걱정되기 때문이다. 나 또한 그랬다. 하지만 유일하게 영화를 보고 난 뒤 감상을 가족 또는 친구들과 공유할 때 내 진실된 생각을 더 잘 전달할 수 있었다. 내 영화를 통해 사람들이 서로 대화를 나눌 수 있게 되었으면 좋겠다. 인생 철학이나 사회적 문제에 대해 토의하는 거창한 대화가 아니더라도 영화를 보고 자신의 진실된 생각과 마음을 표현할 수 있는 문화가 생기면 좋을 것 같다. 그래서 나는 소설 기반의 영화를 제작하고 싶다. 나에게 큰 의미가 있는 책 두 권을 소개하고자 한다. Flowers for Algernon과 Hamlet이다. Flowers for Algernon은 어쩔 수 없는 인간의 숙명을 표현하는 과정이 창의적이고 흥미로워서 좋았다. Hamlet은 사람에 관해, 이성에 관해 생각해 볼 수 있는 것들을 많이 던져주는 것 같아서 좋았다.

개인 소유 동물원

 개인 소유 동물원을 만들어 그곳에 각종 동물을 키우고 싶다. 내가 동물을 귀여워하고 사랑하기 때문이기도 하지만 양심의 가책 때문이기도 하다. 나는 누군가는 꿈도 꿀 수 없는 특혜를 받고 자라났다. 그렇기에 나는 특혜를 받지 못한 사람들, 불행한 사람들을 도울 의무가 있다. 하지만 나는 같은 인간을 돕는 것이 얼마나 힘든 일인지, 돕고 싶다고 해서 그냥 도울 수 있는 게 아니라는 것을 이해하고 있다. 그런 의미에서 나는 어려운 상황에 있는 동물들을 돕고자 한다. 내 동물원은 일반적인 동물원처럼 다양한 동물을 키우고 싶다. 하지만 한 가지 다른 점은, 동물들이 최대한 자연적인 환경에서 살 수 있도록 하고 싶다는 것이다.

자연과 함께 살기

 어려서부터 유난히 또래와는 다르게 캠핑, 산악스키, 동굴 탐험, 숲 탐험 같은 부류의 영상에서 편안함을 느꼈다. 내 또래들은 친구들과 노는 것을 통해 편안함을 찾는 경우가 많았지만 나는 오히려 친구들의 존재가 불편하게 느껴졌다. 심지어 친구가 특별히 잘못한 일이 없음에도 분노나 역겨움이 느껴지는 경우가 꽤 자주 있었다. 내가 분노를 느끼는 상황을 특정해서 설명하기 힘들다. 일반적으로 말하자면, 속 보이는 행동, 뻔뻔한 행동을 하는 사람들을 볼 때 이유 모를 불쾌감이 느껴진다. 그러나 우리 사회에서 자신이 원하는 것을 얻기 위해 속 보이거나 뻔뻔한 행동을 하는 것은 잘못된 것이 아니라 오히려 자신의 인생을 열심히 살고자 하는 바람직한 자세일 수 있다. 이런 '바람직한' 삶의 자세에 동의할 수 없는 나는 사람의 손길이 잘 닿지 않는 자연 속에서 살아보고 싶다.

2. 내가 생존하는 방법

오늘도 고단한 하루가 지나가고, 새벽 2시에 기숙사 침대에 누웠다. 내일도 새벽 6시 20분에 일어나야 한다는 사실이 나를 편히 잠들지 못하게 한다. 오늘도 4시간밖에 잘 수 없게 됐지만 정작 해야 할 일을 끝내지는 못했다. 신기하다. 남들은 모두 다 끝내고 추가로 동아리 활동까지 하며 12시에 자는데, 나는 공부만으로도 벅차서 2시에 자야 겨우 남들을 따라갈 수 있는 수준이다. 내일도 이런 생활을 또 반복해야 한다는 절망적인 사실에 무거운 마음으로 눈을 붙인다.

 학교에 입학하는 순간 내 인생은 꼬이기 시작했다. 나보다 잘난 사람들이 너무 많았고 나는 그 사실을 애써 부정했다. 하지만 남들의 대회 수상 경력, 중간고사 성적을 보고, 나는 처참한 현실을 결국 받아들일 수밖에 없었다. 나는 점점 눈을 아래로 하고 다니기 시작했다. 교실 사이를 이동할 때도 항상 바닥을 보며 다녔다. 어쩔 수 없이 올려다볼 때는 사람들의 가슴 정중앙을 보곤 했다. 완벽해 보이는 이 사람도 분명 마음속에는 고민이 있을 것이라고 생각했다. 그래야만 했다. 남들에 대한 안 좋은 소식이 들려올 때면 그렇게 기쁠 수 없었다. 그때만큼은 그 사람의 눈을 볼 수 있었다.

 나는 항상 아무것도 아닌 사람이었다. 능력이 뛰어난 것도 아니고, 인성이 특별히 좋은 것도 아니었으며, 운동을 잘하는 것도 아니었다. 남들에 비해 하나 잘하는 게 없었던 나는 시간이 지날수록 남들에게 인정을 받고 싶은 욕구가 커져만 갔다. 좋은 평가를 받지는 못하더라도, 내가 존재한다는 것을 남들에게 증명하고 싶었다. 내가 없는 사람 취급을 받으면 정말 없는 사람이 될까 봐 무서웠다. 내가 선택한 방법은 자해 공갈을 통해 나의 존재를 피력하는 것이었다. 조금만 마음에 안 드는 게 있으면 무조건 따지고 감정이 없어도 온갖 곳에 다 시비를 걸고 다녔다. 잘못된 걸 알면서도, 결국 이것이 나를 파괴할 것을 알면서도 그만두지 못했다. 나의 행동에 대한 결과는 늦지 않게 나왔다.

산 정상에서 내려오는 것은 너무 힘들었다. 나는 내려오다 보면 분명히 다시 올라가는 길이 있을 것이라 믿었다. 올라올 때도 그랬으니까. 하지만 이번 내리막길은 왠지 더 깊고 길었다. 며칠을 걸어도 끝나지 않았다. 어느 순간부터 평지만 보였다. 저 지평선 끝에는 갈색의 벼와 뉘엿뉘엿 저무는 해가 보였다. 뒤는 돌아볼 수 없었다. 나는 주저앉을 수밖에 없었다. 너무 급하게 내려왔나, 발에 물집이 잡혔다. 가방에서 물집용 밴드를 꺼내려 했다. 아뿔싸, 뒤를 돌아보고 말았다.

신기하다. 고통스럽지 않다. 내려올 때는 보이지 않던 것들이 보이기 시작한다. 정상에서 누군가 나를 위해 던졌던 밧줄의 흔적도 보인다. 이상하다. 분명히 나는 혼자였는데, 나는 선택받고 우월해서 다른 사람들이 나를 이해할 수 없었던 것인데… 조금은 내 자신이 부끄러워졌다. 이제 무엇을 해야 할지 알겠다. 나는 다시 앞을 바라보았다. 그런데 웬 산이, 내가 저번에 정상에 올랐던 산보다 훨씬 큰 산이 있는 것이 아니겠는가! 이 산도 분명 끝나지 않는 내리막길이 있을 것이다. 하지만 일단 그런 것은 생각하지 않기로 했다.

"

3. 나는 숨기로 했다

나는 한국의 일반적인 고등학생이다. 어쩌면 일반적이지 않을지도 모른다. 나는 시간에 쫓겨 살았다. 계획 따위는 없이 당장 내 앞에 닥친 위급한 일을 해결하는 정도였다. 그런데 어느 순간부터는 제대로 해결 하지도 않았다. 나는 모든 것을 놔버리고 내가 항상 갈구하던 수면으로 도망쳤다. 아주 살짝이라도 졸리면 나는 즉시 침대로 올라가서 눈을 감 았다. 수면을 할 수 없더라도 일단 눈을 감았다. 하지만 일말의 양심은 남아 있어 알람을 10분 뒤로 맞추고 잠을 청했다. 10분 뒤 알람이 울 렸을 때 나는 눈을 떴다. 하지만 절대로 침대에서 내려오지 않았다. 애 초에 10분만 잘 생각은 없었기 때문이다. 나는 알람을 끄고 이제는 마 음 편히 잠을 청했다.

그런데 나에게는 생각지도 못했던 놀라운 능력이 있었다. 바로 꿈을 꿀 수 있다는 것이었다. 나는 꿈을 꾸는 내용을 정할 수는 없지만 꿈 을 꾸는 시간은 정할 수 있었다. 꿈은 주로 부족한 시간, 나의 경우에는 5시간을 자고, 잠깐 잠에서 깼다가 곧바로 다시 비몽사몽하며 잠을 자 게 되면 꿈을 꾸게 됐다.

내 꿈의 내용은 굉장히 복잡하고 난해했다. 예를 들어, 꿈 중 하나는 미로를 탈출하는 것이었다. 키보다 큰 풀숲으로 이루어진 미로를 탈출 하는 것이었는데, 마지막 단계쯤에 황금색과 회색 입자로 이루어진 사 슴의 형태가 보였다. 그 사슴 형태를 이루고 있는 입자는 나를 한 번 쳐 다보더니 뒤를 돌아 폴짝폴짝 뛰어갔다. 그가 흘리는 빛나는 입자의 흔적을 쫓아갔더니 미로의 끝이 나왔다. 하지만 미로의 끝에 있었던 것은 출구가 아니었다. 나를 맞이하고 있던 것은 매우 넓은 크기의 절벽이었다.

 절벽 앞에 선 나는 발밑을 바라보며 생각에 잠겼다. 꿈속에서조차 해결하지 못한 상황에 마주할 때마다 느껴지는 이 무력감이 싫었지만, 동시에 현실에서는 결코 겪지 못할 긴장감과 흥미가 있었다. 나는 마치 모험가가 된 기분으로 절벽 아래를 내려다보았다. 꿈속에서의 그 경험은 짧은 순간이었지만, 현실로 돌아와서는 긴 시간 동안 나를 사로잡았다. 현실에서는 상상도 못 할 다양한 상황을 꿈에서 겪으며, 나는 내가 상상했던 것보다 더 복잡하고 다채로운 내면을 가지고 있음을 깨달았다.

 내 꿈은 나에게 도전이었다. 비록 현실에서 벗어나기 위해 꿈을 꾸지만, 그 속에서조차 나는 나의 한계와 싸우고 있었다. 내가 그렇게 꿈에서 도망쳤던 이유는 어쩌면 현실에서 도망치고 싶은 마음과도 연결되어 있었는지도 모른다. 하지만 그 도피는 단순한 도피가 아니었다. 나는 꿈속에서 나를 더 깊이 이해하고, 더 나은 현실을 향해 나아갈 힘을 얻고 있었다.

4. 나는 누구인가

고등학교를 휴학하고 나서 나는 사람들을 만나는 것이 더 싫어졌다. 물론 고등학교를 다니고 있을 때도, 그리고 중학교를 다닐 때에도 사람들을 만나는 것이 귀찮았고 재미있는 행동이 아니라 처리해야 하는 하나의 일처럼 느껴졌다. 하지만 휴학 이후에 사람들을 만나기 싫었던 이유는 조금 달랐다. 처리해야 하는 일이 아니라 검찰 조사를 받으러 가는 느낌이었다. 고등학교를 휴학했다는 사실은 나에게 큰 부끄러움이었고, 그것을 남들에게 들키지 않기 위해 노력해야 했기 때문이다. 그 사실을 알게 되었을 때 남들이 나를 바라보는 시선과 나에 대한 평가가 나빠질 것이라는 생각이 나에게 큰 스트레스였다. 그래서 나는 거짓말을 할 수밖에 없었다. 남들이 나에 대해 물어볼 때 나는 최대한 그들의 예상에 벗어나지 않게 대답하려고 노력했다. 때에 따라 나는 특수 고등학교 재학생, 자퇴생, 대학생이 되기도 했다.

나는 여러 신분으로 살았고 한 번 만났던 사람을 다시 만나야 하는 상황이 생기면 내가 나의 신분을 뭐라고 속였는지 기억하는 데 애를 먹었다. 내 신분에 따라 나의 행동도 달라져야만 했다. 고등학생일 때는 열심히 공부하는 것이 내 본분이었고, 대학생일 때는 자유로우면서도 스스로 능동적으로 하고 싶은 일과 내가 해야 할 일을 찾아 나서야 했다. 하지만 고등학교 휴학생으로서 본분은 알 수 없었다. 다른 신분으로 사는 것이 훨씬 편했다. 왜냐하면 정해져 있는 보편적인 행동 양식이 있었기 때문이다. 나의 진짜 신분인 고등학교 휴학생으로 사는 것이 너무 무서웠다. 그때부터 나는 나의 신분을 숨기거나 여러 가지 다른 신분으

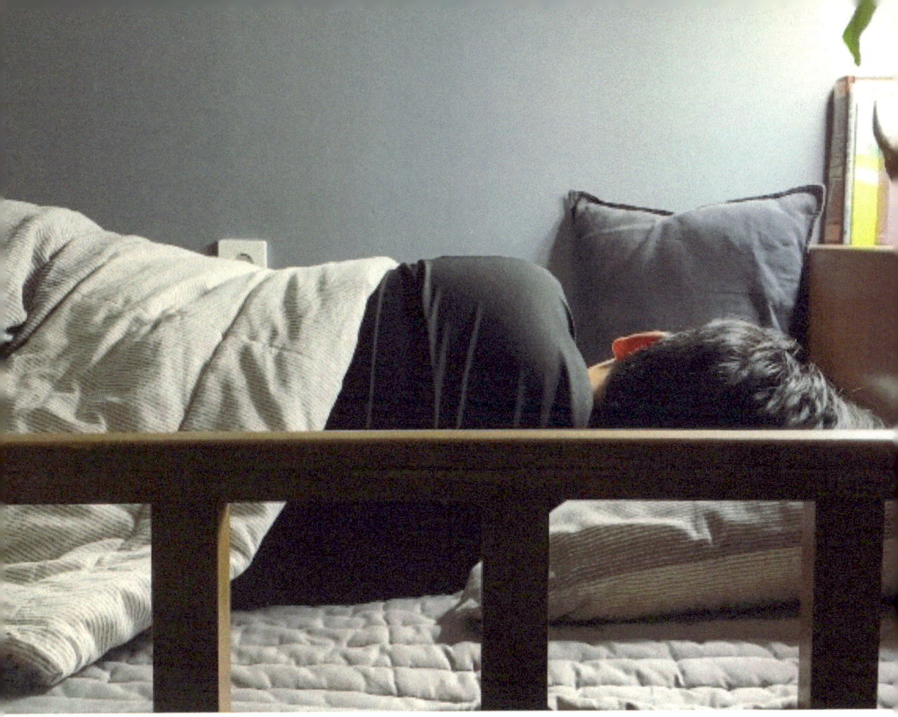

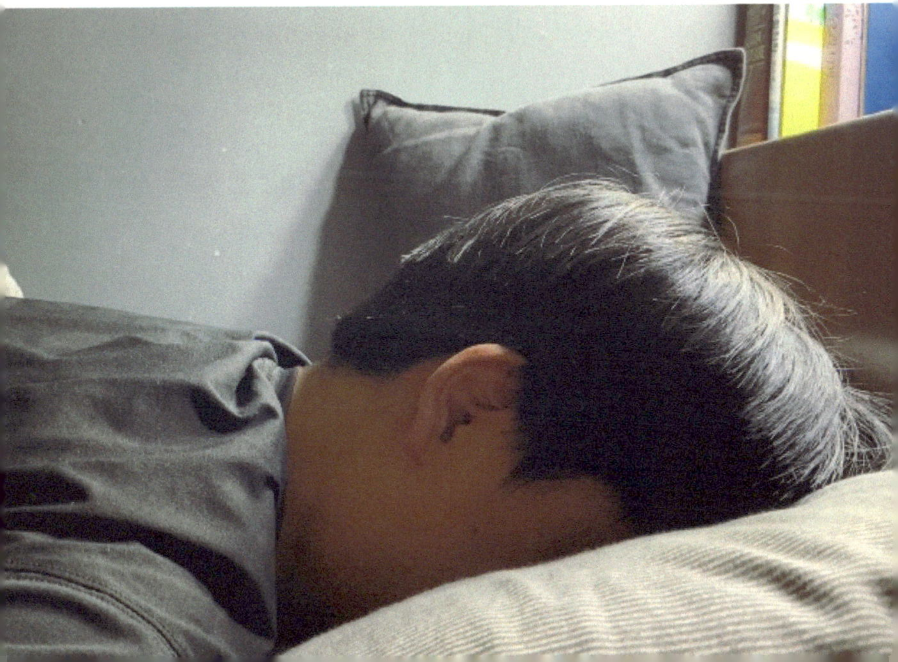

로 활동할 수 있는 인터넷에서 활동하기 시작했다.

　사용자 수가 많은 익명 게시판에서 활동하기 시작했다. 각각의 주제로 나뉘어진 게시판에서 내가 관심 있는 주제를 골라 활동할 수 있는 구조였다. 대표적인 예로 스포츠팀을 응원하는 게시판, 음식을 공유하는 게시판, 게임에 관한 게시판, 여러 이슈를 다루는 게시판 등이 있었다. 나는 처음에 가장 인기 있는 글들을 모아놓은 게시판에서 활동하기 시작했다. 그곳에서는 나라의 온갖 핫한 이슈들을 정리한 글들이 올라와 있었고, 당연히 댓글은 난장판이었고 서로 저급한 욕으로 싸우고 있었다. 현실 세계에서의 적응이 어려워 인터넷으로 도피한 나였지만 그럼에도 불구하고 '내가 앞에서 당당히 할 수 없는 말을 뒤에서는 하지 말자.'는 다짐으로 활동을 시작했다.

　그리고 내가 휴학한 고등학교 이야기를 할 수 있는 게시판의 매니저 자리를 위임받았다. 매니저를 맡고 나서부터 나는 게시판에 여러 저격성 글을 작성하였다. 분명히 잘한 행동은 아니었지만 더 많은 사람이 이 익명 게시판의 존재를 알았으면 좋겠다는 생각이 있었다. 또한, 나는 익명으로 게시판을 관리할 수 있음에도 불구하고 준 실명으로 내 신상을 숨기지 않고 매니저 자리에서 게시판을 관리했기 때문에 앞에서 못할 말을 뒤에서 하지는 않았다. 어느 순간부터 게시판 글이 급격히 늘어나기 시작했고 곧 글은 1,000개를 돌파했다. 또한 인기 글은 조회 수가 최소 200, 많으면 400까지 올라갔다. 재학생 수가 450명임을 감안하면, 이 게시판이 학교 내에서 얼마나 큰 파급력을 가졌는지 알 수 있었다.

하지만 익명 게시판의 규모가 커지면서 장점과 동시에 단점도 더욱 더 부각되었다. 현실 세계에서 하기 힘든 질문들, 예를 들면 공부하는 방법, 어떤 동아리에 가입해야 하는지, 특정 대학교에 입학하기 위해 어떤 방식으로 학교생활을 해야 하는지 등의 질문을 익명으로 대답 또한 익명으로 받는 과정에서 분명히 이 게시판의 장점도 있었으나, 익명의 힘을 악용하여 남을 비방하고 갈등을 일으키는 게시물도 그에 상응하게 많이 생겼다.

그리고 이런 사실은 학교 선생님들에게까지 퍼지게 되었다. 그 이후로 나는 내가 원하는 방향대로 게시판을 운영할 수 없게 되었다. 게시판에 논란이 될 만한 글이 올라가기만 하면 선생님들이 나에게 연락해 게시글을 지워 달라고 하거나 게시판 자체를 삭제해 달라고 요구하는 등 간섭이 많아졌다. 나는 필요악의 존재에 대해서 생각하게 되었다. 익명의 힘을 빌려 인터넷에서 앞에서는 못할 행동을 하는 등의 악도 있지만, 그에 상응하는 선도 있다는 것을 깨달았다.

나는 나름대로 소신을 가지고 인터넷에서도 현실의 나에게 부끄럽지 않게 활동하겠다는 다짐 하에 신상을 드러내고 활동했다. 그러나 이것은 인터넷에서 활동의 최대 장점을 없애 버렸다. 애초에 게시판은 현실에서 말하기 어려운 것들이나 물어보기 어려운 질문들을 하기 위해 사

용자들의 익명이 보장되어야만 하는데, 운영자의 신상이 모두에게 알려지면 그런 자유로운 분위기를 망쳐버릴 수밖에 없다. 나는 결국 게시판을 폐쇄하게 되었고, 또 다른 누군가로서 죄책감 없이 제2의 인터넷 생활을 시작했다.

“

5. 나에게 학교란?

중학생 때 나는 학교가 즐거웠다. 내 친구들이 학교 가는 것을 싫어하고 지겨워할 때 나는 매일매일이 새롭고 짜릿했다. 왜냐하면 나에게 학교는 나의 우월함을 증명할 수 있는 자리였기 때문이다. 중학교 공부는 나에게 큰 부담이 되지 않았다. 어려서부터 여러 선행 학습을 받은 나에게 중학교 수업은 이미 알고 있는 것을 다시 한 번 배우는 과정에 불과했다. 그래서 중학교 공부를 나는 곧잘 할 수 있었고 시험도 꽤나 잘 볼 수 있었다. 그 덕에 나는 자신감이 생겼다. 수업 시간에 누구보다 활발히, 적극적으로 참여할 수 있었고 그때마다 나는 항상 내가 친구들보다 더 뛰어난 학생임을 모두에게 증명할 수 있었다. 그래서 학교에서의 매 순간이 항상 긴장이 되면서도 즐거웠다. 아침에 일어나는 것은 항상 어려웠지만, 학교는 마치 놀러 가는 느낌으로 등교했다. 나는 선생님의 질문에 대답하기 위해, 나를 증명할 수 있는 기회를 놓치지 않기 위해 항상 수업에 집중했다. 그리고 나 자신을 성공적으로 증명한 후에는 내가 이 반을 이끄는 모범생이라는 생각에 사로잡혀 더욱더 반의 모범적인 분위기를 이끌었다. 특히 과학 선생님께서는 열정적인 학생들을 위해 직접 탐구하거나 공부하여 습득한 지식을 수업 시간에 강의할 수 있는 기회를 주셨다.

나는 이 기회를 이용해 딱히 관심이 없었던 오로라와 자이로드롭의 물리학적 원리를 탐구하여 강의했다. 하지만 이런 식의 증명을 위한 공부는 고등학교 때까지 이어질 수 없었다. 중학교 때 시험 점수로 다져진 자신감으로 나는 공부를 잘하는 학생들이 모인다는 고등학교로 진학했다. 주변에서는 가면 힘들 것이다, 내신 등급이 안 좋을 것이다 등의 여러 가지 부정적인 말이 많았지만 나는 그런 말들에 단 1초도 집중하지 않았다. 남들이 나를 의심했기 때문에 나는 그 고등학교에 가야만 했다. 그러나 명확한 목표 의식 없이 고등학교에 들어간 것은 좋은 선택이 아니었다.

 남들은 다 계획을 세워놓고 입학한 반면에 나는 그렇지 못했다. 나는 공부로나 계획으로나 뒤처졌다. 더 이상 나 자신을 학교에서 증명할 수 없었다. 주변에서는 의심이 아니라 기대를 했다. 의심은 내가 추락했을 때 마음 놓고 떨어질 수 있는 쿠션을 만들어 주었지만, 기대는 그 쿠션을 시멘트로 채워 넣은 것 같았다. 그래서 더 힘들었다.

목표 세우기?

- ✓ 일주일 목표를 세우기
- ✓ 목표 세분화 하기
- ✓ 시간 세분화 하기

무엇을 해야 내 인생에 더 생산적인지 알고 있어도 현재의 편안한 상태를 버리지 못해 목표를 세우는 것이 힘든 것 같다.

@침대, 따뜻한 이불, 포근한 베개... 넘 좋아

근데 진짜 좋은 거 맞아?

6. 편안하다는 착각

나는 항상 신기했다. 남들이 목표를 세우고 그 목표를 모두가 볼 수 있는 온라인에 게시하는 모습을 볼 때, 나는 의아함을 느꼈다. 왜냐하면 나는 인생에서 한 번도 목표라는 것을 세워본 적이 없기 때문이다. 목표를 세운다는 것은 나에게 너무 고통스러운 것이다. 예를 들어, 영화관에서 파는 카라멜 팝콘에는 달달한 부분과 그렇지 않은 부분으로 나뉘어져 있다. 어떤 사람들은 나중에 단맛을 느끼기 위해 지금은 달달하지 않은 부분을 먹기도 하고 또 다른 사람들은 현재를 즐기기 위해 지금 바로 달달한 부분을 먹는다. 하지만 나는 나의 선택으로 인해 고통받아야 한다는 사실 자체로 너무 힘들어 처음부터 어떻게 먹을 것인지 목표를 세우지 않는다. 하지만 고통을 계획하지 않는다고 해서 겪지 않을 수 있는 것은 아니었다.

오히려 목표를 세우지 않음으로써 힘들지 않아도 될 일이 힘들어진 경우가 많았다. 오늘 식사에서 먹어야 할 야채의 양이 있다고 하자. 그 야채, 버섯, 배추 등을 고기와 함께 먹으면 맛있는 식사를 즐길 수 있지만 버섯, 배추를 먹는 것을 미루다가 마지막 한 번에 다 먹게 되면 불쾌하고 고통스러운 식사가 될 수밖에 없다. 만약 목표를 세우면 그 목표에 맞게 계획을 세우고 노력해야 한다. 노력이란 것은 힘들고 현재의 편안한 상태를 버려야 가능하다. 하지만 나는 침대, 따뜻한 이불, 포근한 베개가 너무 좋다.

무엇을 해야 내 인생에 더 생산적인지 알고 있어도 현재의 편안한 상태를 버리지 못해 목표를 세우는 것이 힘든 것 같다. 어떻게 하면 이 괴물을 이길 수 있을까? 사실 잘 모르겠다. 현재로서는 내가 정말 원하는 것이 생기면, 내가 편안함을 버리면서까지 원하는 것이 생기면 없어지지 않을까 생각한다.

"

7. 나눔

대부분의 인간은 이기적이다. 정도의 차이가 있을 수는 있지만 사람들은 자기중심적으로 사고하기 마련이다. 이와 비슷하게 많은 인간이 욕심을 가지고 있다. 이는 크기의 차이만 있을 뿐. 대부분의 사람은 자신의 현재 상태로는 이룰 수 없는 목표나 가질 수 없는 물건에 대한 갈망이 있다. 그런 욕심이 이기심으로 이어지기도 한다. 그러나 이런 이기심과 욕심은 주로 비판의 대상이 되곤 한다. 그럼에도 불구하고 나는 이기심과 욕심에 가해지는 비판에 불만을 가지고 있었다. 오히려 이기심과 욕심 덕분에 인류가 지금까지 성장할 수 있었고 앞으로도 발전을 멈추지 않을 이유라고 생각했기 때문이다. 만약 인간에게 이기심이나 욕심이 없었다면 아직도 움막에 살면서 사냥과 채집을 통해 삶을 연명했을 것이라고 생각했다. 그렇기 때문에 사회에서 이기심과 욕심을 비판하고 악한 것으로 보는 것이 매우 비합리적으로 보였고, 오히려 이기심과 욕심을 장려하는 사회로 바뀌는 것이 더 바람직하다는 결론에 이르게 됐다. 남들에 비해 조금 부족한 사람들이 도태되고 사회에서 소외되는 부작용이 있을지언정, 종합적으로 평가해봤을 때 인류가 발전하고 진보하는 것에 비하면 큰일이 아니라고 여겼다.

하지만 내 생각은 휴학 후 교육 봉사를 하면서 바뀌었다. 다문화가족 학생들이 많이 모여 있는 센터에서 한국사 강의를 할 수 있는 기회가 주어졌다. 휴학 후 특별한 활동 없이 집에서 쉬고 있던 나는 오랜만에 생산적인 일을 할 수 있는 기회를 놓칠 수 없었다. 많은 준비를 하고 센터에 가기로 한 날, 가는 도중에 나는 긴장이 됐다. 나 또한 이룬 것

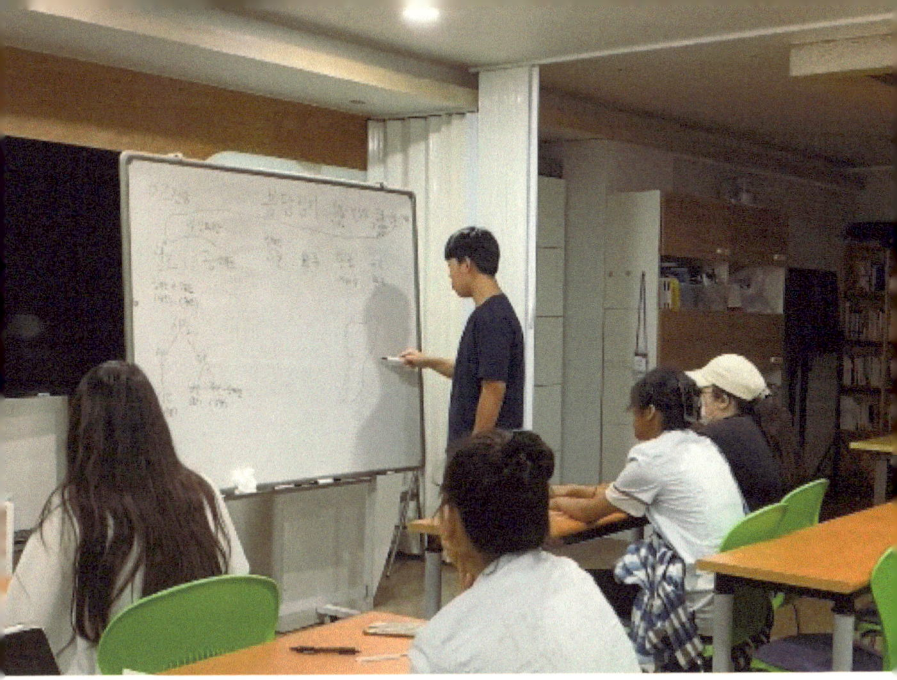

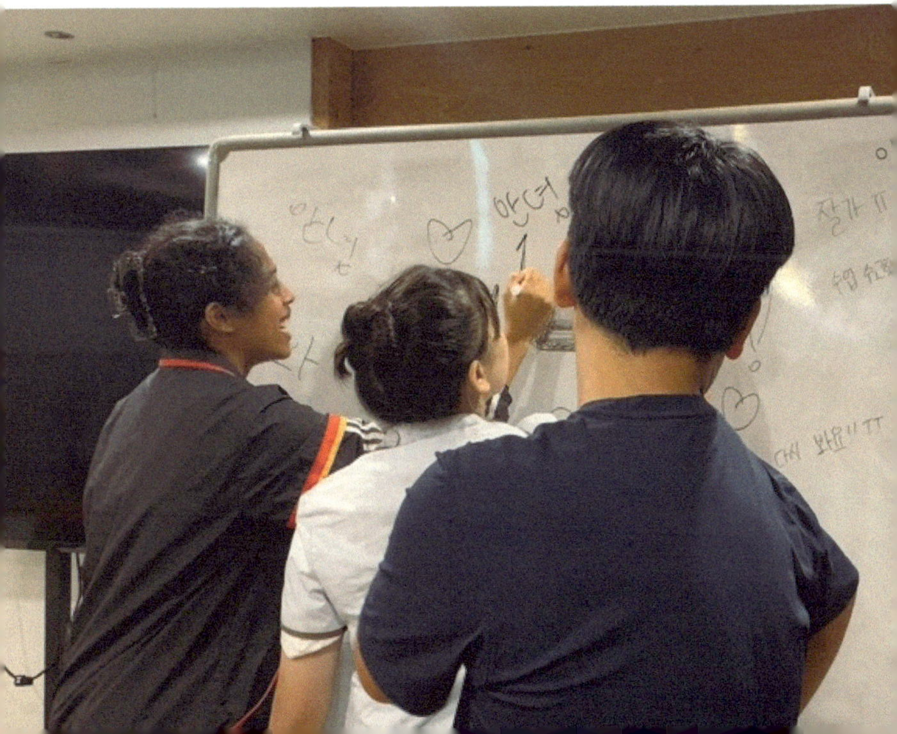

포천하랑센터
POCHEON HARANG CENTER

당기세요
PULL

Sorry, We're CLOSED

이 없어 학생들이 나를 거부하거나 친절하게 맞이하지 않을 것 같았다. 하지만 막상 도착해보니 내 예상과는 완전히 반대였다. 나를 처음 보는 것임에도 불구하고 모두 나를 친절하게 맞이해 주었다.

어색한 분위기 속에서 첫 수업을 마무리한 나는 깊은 생각에 빠지게 될 수밖에 없었다. 그 학생들은 남보다 불행하다고 느낄 수 있는 상황임에도 불구하고 (부모님 중 한 분이 안 계신다든지, 가정 형편이 좋지 않다든지) 긍정적이고 삶에 대한 의지가 충만해 보였다. 자신만의 목표를 세운 사람도 있었고, 일상에서 소소한 행복을 찾아 모두 사회와 친구들 속에 잘 녹아들어 살고 있음을 확인할 수 있었다. 하지만 만약 내가 그런 상황이었다면 지금까지 내가 이뤄놓은 것을 아무것도 할 수 없었을 것이라는 강한 확신이 들었다. 그리고 기존의 이기심과 욕심에 관한 내 생각이 틀렸음을 깨닫게 되었다. 인류의 발전이라는 거대한 목표도 중요하지만 그보다 먼저 상대적으로 태어나면서부터 많은 기회가 박탈된 사회 구성원들의 잠재력을 활용할 수 있도록 도와주는 것이 중요하다는 생각을 갖게 되었다.

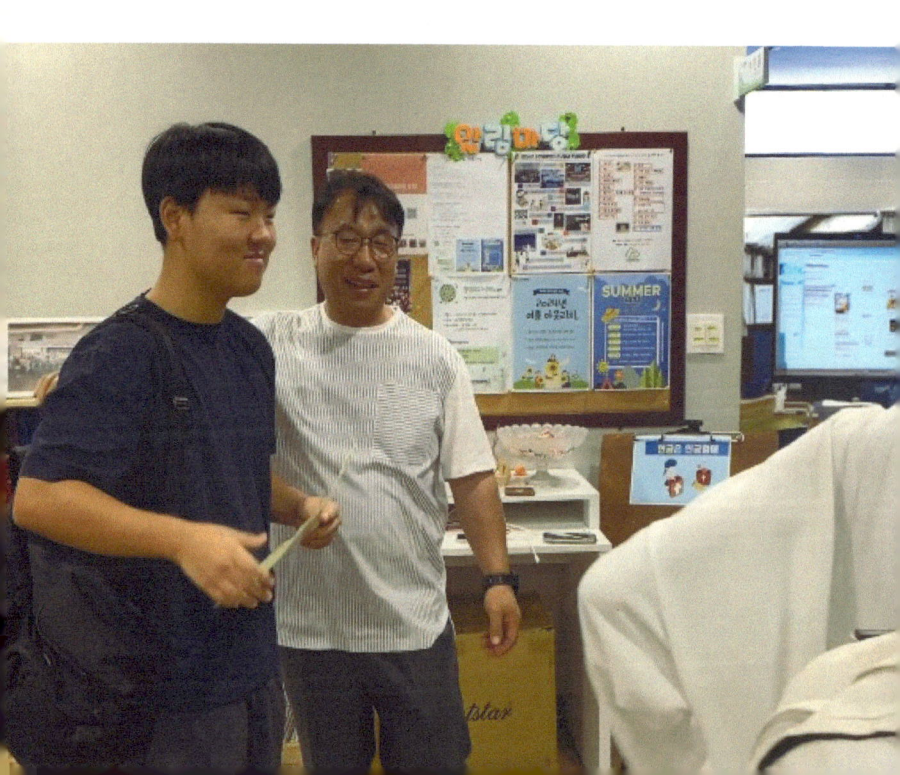

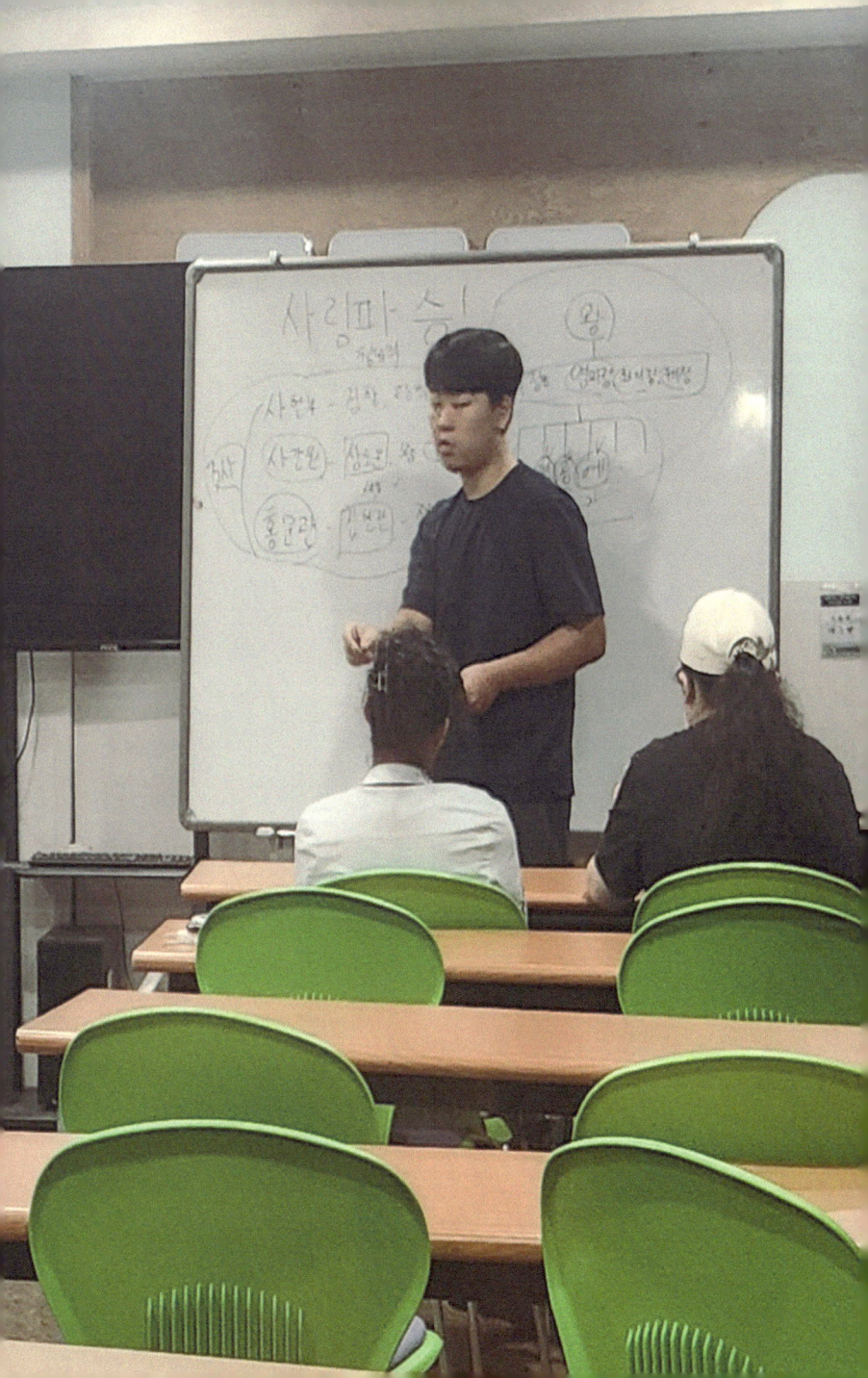

8. 행복의 허상

사람은 본능적으로 하고 싶은 일이 있고, 하기 싫어하는 일이 있다. 대다수의 사람은 의무적으로 부여받은 일을 하기 싫어한다. 사람에 따라 그것은 일, 공부, 또는 운동이 될 수 있다. 반대로, 자신이 선택해서 하는 취미나 휴식은 즐거워한다. 그래서 사람들은 주말을 기다리고 평일을 기피한다. 이런 현상 때문에 '월요병'이라는 웃픈 말이 나오기도 한다. 나 또한 이 병을 피해 갈 수는 없었다.

고등학교를 다니면서 나는 비교적 마음 편히 쉴 수 있는 주말을 항상 기다렸고, 매주 금요일 아침에 눈을 뜨자마자 느끼는 설레는 감정은 매번 새로웠다. 하지만 반대로, 매주 일요일 눈을 감을 때마다 드는 절망적이고 무기력한 감정은 피해 갈 수 없었다. 월요일이 평생 오지 않았으면 했다. 매일이 토요일과 일요일의 반복이었으면 좋겠다고 생각했다. 그런데 예상치 못하게도 나에게 그 기회가 찾아오게 되었다. 고등학교를 쉬게 된 후로 나는 매일 집에서 쉴 수 있게 되었다. 시간 제한 없이 매일 침대에 누워 유튜브와 넷플릭스를 시청할 수 있게 됐다. 확실히 학교를 다닐 때보다는 좋았다. 더 정확하게 표현하자면 편했다. 나를 압박하는 수많은 시험과 과제, 발표들이 없으니 편했다. 하지만 이 기간이 길어질수록 편안함은 나의 족쇄가 되었다.

편안함은 마치 바닷물과 같아서, 아무리 마셔도 갈증을 해결할 수 없고 오히려 탈수 상태가 되어 더욱더 물을 갈구하는 상황이 되는 것이다. 편안함은 내가 내 인생을 주도적으로, 능동적으로 계획하며 살기 힘들게 만들었고 나의 행복을 앗아갔다. 고통이 존재하기에 행복이 존재하는 것이다.

PART 2
여행

"

1. 떠나기 전 여행준비

탄자니아로 떠나기 12시간 전이다. 인생 첫 아프리카 여행이지만 긴장되지는 않는다. 원래 외부의 자극에 둔감한 편이긴 하지만 사실 나도 조금은 긴장될 줄 알았다. 그런데 왜인지 긴장되지는 않는다.

기대되는 점은 분명히 있다. 탄자니아에 사는 사람들은 어떤 사람들일지 궁금하고, 자연은 얼마나 아름다울지 예상이 되지 않는다.

솔직히 말하자면 탄자니아의 자연이 생각보다 아름답지 않으면 화가 조금 날 것 같다. 왜냐하면 탄자니아라는 비주류 여행지의 특성 때문에 출국 전까지 해야 하는 일이 많았기 때문이다. 대표적으로 지역 보건소를 하루에 두 번씩 들러서 피검사를 받고 예방접종 주사를 맞아야 하는 것, 출국 하루 전부터 매일 한 알씩 말라리아 예방약을 복용하는 것 등이 있다. 나는 귀찮은 일을 하는 것을 정말 싫어하는데도 불구하고 탄자니아 여행을 위해 어느 정도는 감수했다. 그래서 탄자니아 여행이 기대되는 부분이다.

2. 여행자가 되다

공항을 처음 간 순간은 모든 것이 새롭고 설렌다. 태어나서 본 적 없는 큰 건물과 굉음을 내며 이륙하는 비행기도 모두 신기하다. 심지어 보딩패스 발권을 위해 기다리는 줄, 출국을 위해 기다리는 줄, 짐 검사를 위해 기다리는 줄조차 다리가 저려오지만 행복하다. 하지만 다음 여행에서는 그 행복이 반으로 줄어들고, 그다음 여행에서는 또 반으로 줄어든다. 비행기를 타는 경험이 다섯 번을 넘기기 시작하면 공항에서 대기하는 시간을 최대한 줄이기 위해 시간을 계산하며 언제 집에서 가장 늦게 나갈 수 있을지를 고민하게 된다.

여행 또는 휴가의 목적으로 해외로 출국한다고 했을 때, 위의 상황은 굉장히 모순적이다. 우리는 현재 삶에 지쳐서 휴양을 하기 위해, 재미있고 즐거운 추억을 위해 공항에 발을 들인다. 우리는 현재 삶에서 벗어난 새로운 자극을 위해 매번 공항에 도착하지만, 공항에서의 경험은 갈수록 지루하고 귀찮고 힘든 일이 될 뿐이다.

더욱 새롭고 즐거운 경험을 추구할수록 우리는 지루하고 귀찮은 일을 해야 한다. 인생도 마찬가지 아닐까? 모든 사람이 행복을 원하지만, 행복만을 추구하는 삶을 살게 된다면 결국 그것을 얻지 못할 것이다. 괴롭고 힘들고 하기 싫은 일도 견디고 해내는 사람이 결국 행복을 성취하게 된다. 공항을 통해 본 인생이다. 당신은 어쩌면 탑승 수속 절차를 밟지 않은 채 비행기에 태워달라고 떼를 쓰고 있을 수도 있다.

wash
PAINTS
EMERGENCY

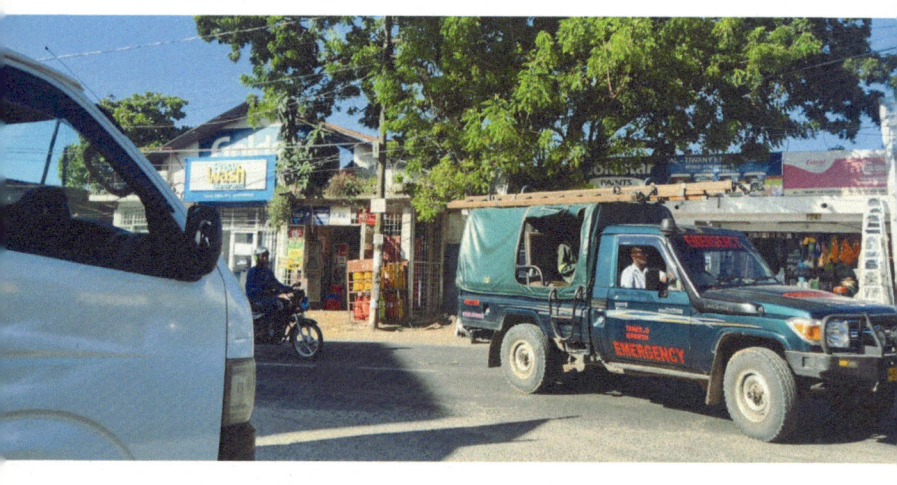

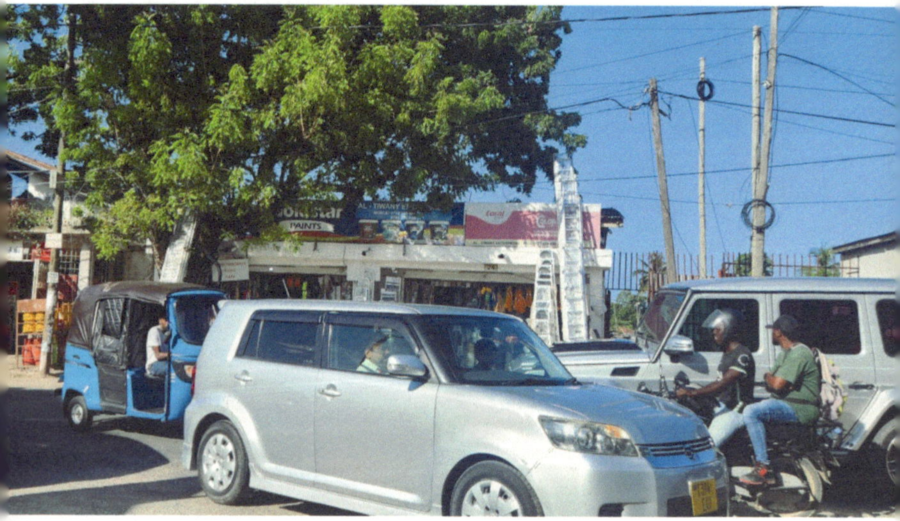
PAINTS

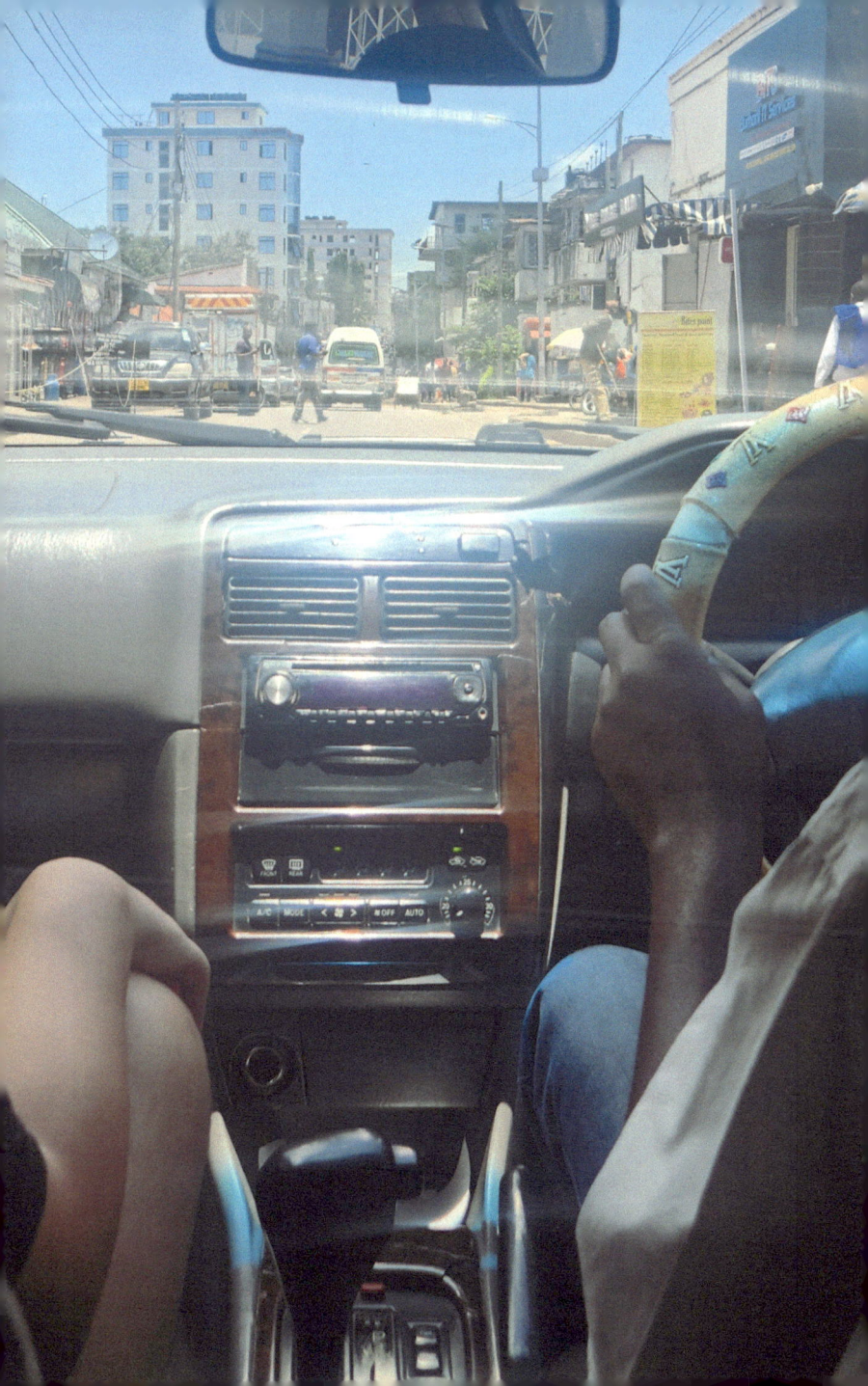

"

3. 탄자니아 첫인상

Air Tanzania
www.airtanzania.co.tz

WELCOME TO MWANZA AIRPORT
Arrivals / Wanaowasil

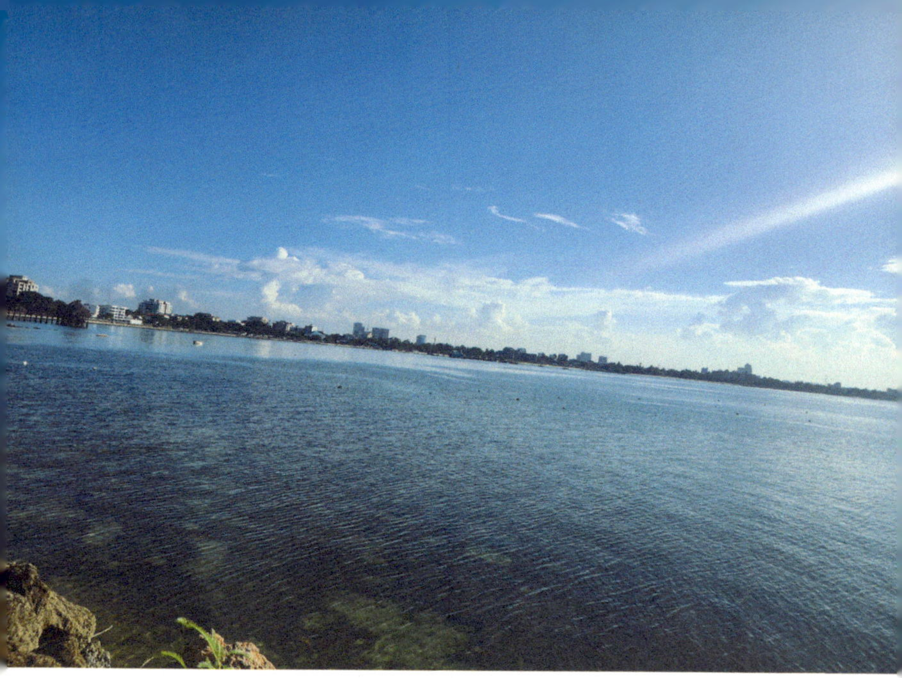

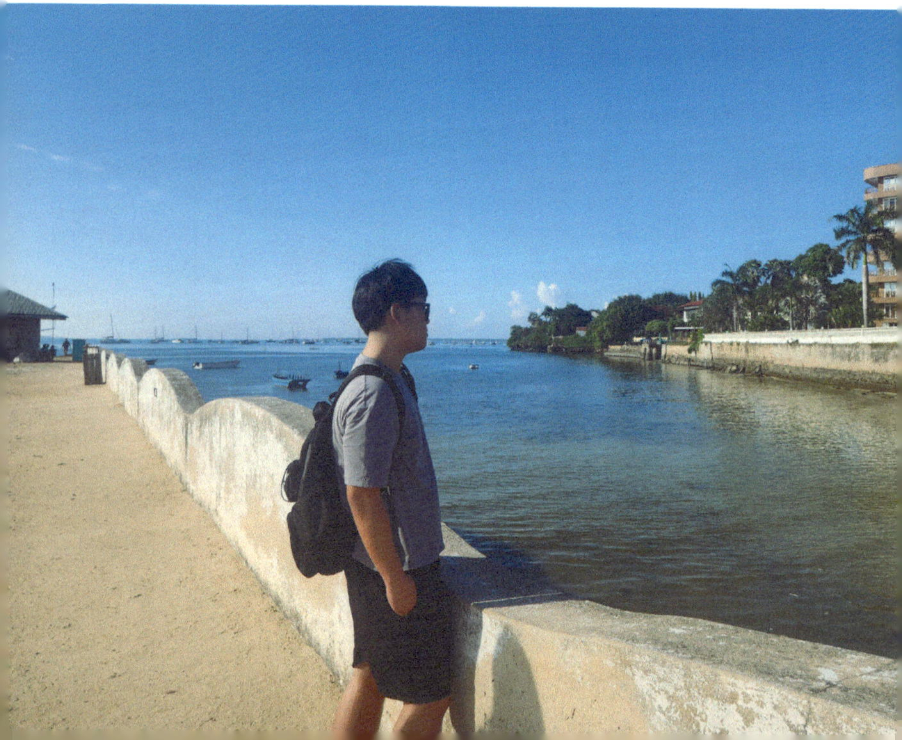

나의 탄자니아에 대한 첫인상은 비행기에서 시작되었다. 비행기의 창가 자리에 앉아 착륙하는 과정을 통해 탄자니아의 모습을 대충이나마 볼 수 있었다. 탄자니아에 대한 첫인상은 예상과 다르지 않았다. 밭과 조그마한 집만 보였고, 층수가 높은 아파트나 신식 건물은 찾아볼 수 없었다.

하지만 시내 중심으로 갈수록 나의 생각은 달라졌다. 차선도 없는 비포장도로를 달리며 아프리카에 왔다는 것을 체감하고 있던 찰나, 옆에서 포크레인으로 공사를 하는 모습을 목격했다. 기사님께 물어보니 그것은 차선을 넓히는 작업 중이었고, 지금 달리고 있는 도로는 원래 버스 전용 차선이라는 것이다.

탄자니아도 빠른 속도로 발전하고 있었다. 시내 중심부에 들어갔을 때는 굉장히 높은 은행 건물도 발견할 수 있었다. 앞으로의 발전이 기대된다.

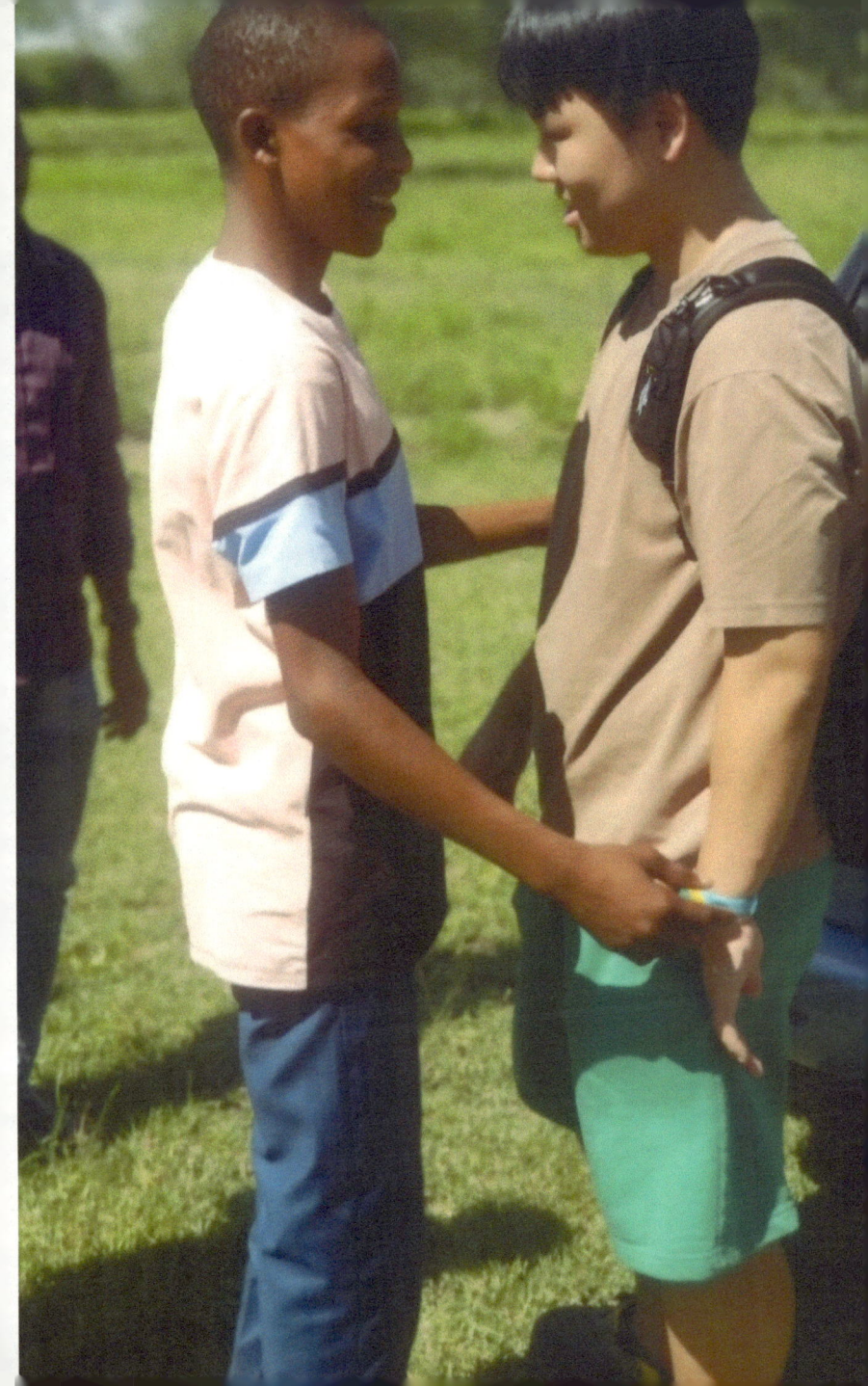

4. 제레마이아를 만나고1

오늘은 제레마이아를 만나는 날이다. 탄자니아에는 세렝게티, 킬리만자로, 잔지바르 같은 멋진 여행지가 있어서 이곳을 여행지로 선택한 이유도 있지만, 가장 중요하고 근본적인 이유는 탄자니아에 살고 있는 제레마이아를 만나기 위해서이다. 그리고 어제 제레마이아를 만나기 위해 므완자에 도착했다.

므완자는 시작부터 굉장히 힘난했다. 우선 므완자의 "international" 공항에 도착했는데, 도착한 사람들을 위한 터미널이 내 집보다 작았다. 과장이 아니다. 화장실도 푸세식이었다. 굉장히 놀랄 수밖에 없었고 힘난한 여정이 예상되었다. 그렇게 호텔에서 하루를 자고 제레마이아를 만나기 위해 출발했다.

제레마이아가 사는 집으로 가기 위해 4인용 도요타에 5명이 타고 출발했다. 내 가족과 통역사 1명 그리고 운전수 1명이었다. 제레마이아가 사는 마을인 은딩가로 가는 과정에서 우리는 주변 마을의 시장에 들러 그에게 필요한 것을 구매했다. 물론 개인적인 선물은 미리 준비한 것이 있지만 따로 생필품 같은 것도 구매하기로 했다. 비누, 쌀, 콩, 설탕을 구매하는 도중에 마을과 시장의 분위기를 살펴볼 수 있었다. 시장은 굉장히 조용하고 차분한 느낌이었으며 호객 행위도 없었다. 동양인이 신기해서 쳐다보는 정도였지 따로 우리에게 다가와서 무언가를 하지는 않았다. 내 옆에 현지인이 있어서일지도 모르겠지만, 어쨌든 나는 소박하고 따뜻한 느낌을 받았다. 호텔에서 2시간 정도 걸렸고 중간에

비포장도로도 있었지만 그것은 이미 예상하던 바였다.

 하지만 진짜 문제는 은딩가라는 마을 안에서 제레마이아의 집으로 가는 과정이었다. 마을 안에는 당연히 도로는 없었고, 중간중간에 물웅덩이와 진흙으로 파인 도로 등 도요타로는 가기 힘든 길이 많았다. 한때는 차의 바퀴가 진흙에 빠져서 아예 움직이지 못해 주변 마을 사람들의 도움으로 차를 빼내야 했던 적도 있다. 제레마이아의 집으로 가는 도중에, 먼저 그 마을에서 컴패션이 운영하는 센터를 찾기로 했다. 내리자마자 주민들의 격한 환호를 받았다. 모두 우리 가족을 굉장히 환영해 주었고 따로 말을 하지 않아도 그들이 우리를 매우 반기고 있다는 느낌을 받을 수 있었다. 그리고 제레마이아를 그곳에서 만날 수 있었다.

 제레마이아는 굉장히 수줍어했고 말을 잘하지 못했다. 영어도 거의 하지 못하는 것 같았다. 일단 센터의 총책임자를 만났다. 그는 영어를 무척 잘했다. 그의 사무실에서 방명록을 쓰고 센터에 관한 설명을 대략적으로 들었다. 센터에는 아이들과 임산부를 위한 공간, 교실, 기록 보관소, 그리고 큰 교회가 있었다. 시설 자체는 한국의 기준에서 봤을 때 정말 소박하지만 그래도 필수적인 것은 다 갖추고 있는 것 같았다. 특히 교회 공간이 굉장히 큰 것으로 보아 그들의 신앙심이 매우 깊은 것을 알 수 있었다. 전기가 들어오지 않고 하다못해 제대로 포장된 도로 하나 없는 곳에서 마을 중앙에 큰 교회를 세우고 그 안에 의자와 각종

악기들을 설치해 놓은 것을 보니, 신앙 아래 하나로 뭉친 그들의 공동체 의식을 들여다볼 수 있게 하였다.

대략적인 설명이 끝나고 나의 가족과 제레마이아 그리고 총책임자가 함께 기록 보관소로 가서 나와 제레마이아의 역사를 담은 파일을 보여주었다. 그곳에는 우리가 주고받은 편지들과 제레마이아의 병원 진료 기록, 학교 성적표, 사진까지 정말 모든 것이 다 들어있었다.

편지를 너무 조금 보낸 것 같아 미안한 마음도 들었다. 기록을 함께 살펴보는 과정에서 제레마이아에 대한 이야기를 조금 더 들을 수 있었다. 그는 축구를 굉장히 좋아한다고 했다. 그래서 급작스럽게 나와 제레마이아 그리고 많은 주민들이 함께 축구를 하게 되었다. 함께 공을 차니, 말로는 통하지 않던 대화가 축구공을 통해 이어지는 느낌이었다.

아무튼 그렇게 센터 방문이 끝나고 나는 그의 집으로 향하게 되었다.

"

5. 제레마이아를 만나고2

그의 집으로 향하는 과정은 험난했다. 비포장의 도로와 중간중간의 물웅덩이는 기본이었지만, 정말 고통스러웠던 것은 "이쯤이면 다 왔겠지" 싶었을 때 차가 계속 앞으로 가는 것이었다. 분명히 이제는 저 집으로 우회전을 할 때가 됐는데 운전자는 핸들을 돌릴 생각이 없어 보였다. 사실 차에 제레마이아가 같이 타서 운전자에게 길을 알려주고 있었다. 제레마이아가 계속 앞으로 가야 한다고 손짓을 할 때마다 그가 조금 원망스러워졌다.

 드디어 차가 방향을 바꾸어 큰 집 형태의 건물 3개가 있는 곳을 향해 가면서 속력을 줄였다. 나는 의아한 생각이 들었다. 제레마이아의 가족이 사는 집이라 생각한 나는 "물론 제레마이아의 가족이 대가족인 것은 알고 있었지만, 집이 이렇게 큰가?"라는 의문이 생겼다. 물론 한국의 기준에서 보면 굉장히 수준 이하의 집이지만 이곳은 탄자니아라는 점을 고려했을 때 후원의 힘이 실로 대단하구나라는 생각이 들었다. (월 5만 원이지만). 하지만 그중 한 건물 내부로 들어갔을 때 내 물음표는 느낌표로 바뀌었다. 이곳은 제레마이아가 다니는 학교였다.

 우선 한 건물을 통째로 쓰고 있는 교장 선생님의 사무실에 들어가서 교장 선생님과 학교의 다른 선생님들을 만나게 되었다. 교장 선생님을 포함해서 총 5분 정도의 선생님이 계셨다. 사무실은 굉장히 큰 공간이었지만 사실 그 안에는 책상 하나, 의자 하나, 벽면에 붙어있는 칠판들이 전부였다. 대부분의 공간은 비워져 있었다. 칠판에는 일정으로 보이

는 것을 적어 놓은 흔적이 있었는데 무엇을 의미하는지는 알 수 없었다. 교장 선생님은 영어를 할 수 있었다. 간단한 자기소개를 하고 학교를 소개받았다. 학교는 고등학교 시설로 마을의 아이들이 모두 이 학교에 다닌다고 하였다. 더 물어보고 싶은 것들이 많았지만, 선뜻 질문들이 나오지 않았다. 나의 한국적인 시각으로 탄자니아 시골 마을의 학교에 대해 질문했을 때, 어떤 반응을 보일지 예상할 수 없었기 때문이다. 나의 지나치게 편협한 한국적인 시각이 나를 너무 외부인으로 느끼게 만들까 봐 두려웠다.

교장 선생님과의 대화는 오래할 수 없었다. 뒤의 일정이 있었기 때문에 곧 사무실을 빠져나왔다. 하지만 나는 아쉬운 마음에 교실에 들어가 봐도 되겠냐고 물었다. 예상 밖으로 그런 무리한 부탁도 흔쾌히 응해주셨다. 갑작스럽게 들어간 교실에는 선생님이 없었다. 아마도 나를 만나기 위해 잠시 학생들에게 자습 시간을 주셨던 것 같다.

계획 없이 무작정 들어간 교실에서 나는 할 수 있는 것이라고는 관찰밖에 없었다. 은딩가라는 굉장히 시골 마을의 학교임에도 불구하고 학생들이 굉장히 많았다. 두 교실밖에 없긴 하지만 한 교실당 40명이 넘는 인원들이 있었던 것 같다. 그들은 모두 책상과 의자가 하나씩 있었지만 책상 위에 책은 보이지 않았다. 교실 앞에는 교탁 하나와 큰 칠판 하나가 있었으며 내가 이해하지 못하는 단어가 써져 있었다. 어찌 되었든 잠시의 정적이 흐른 뒤에 나는 자기소개와 함께 내가 하고 싶은 말을 하게 되었다. 멀고 상황이 완전히 다른 나라에서 왔기 때문에 내가 무심코 하는 말들이 이들에게는 큰 상처가 될 수도 있다는 점을 인지하고 단어 하나하나도 허투루 말하지 않고 조심히 말하려 하다 보니 구체적인 설명을 할 수 없었다.

결국 추상적인 이야기만 하게 되었다. "열심히 공부해라", "모두 원하는 꿈을 이루길 바란다" 등의 큰 의미가 없는 말들이었다. 이후 한 학생의 요청으로 반 전체의 학생들과 함께 사진을 찍게 되었다. 처음 보는 사람, 심지어 인종이 다른 사람이고 그런 인종을 시골 마을에서 볼 일이 거의 없었을 텐데 웃으면서 사진을 요청할 수 있는 용기는 놀라웠다. 그렇게 예정에 없던 학교 투어를 마치고 이제는 진짜로 제레마이아의 집을 향해 갔다.

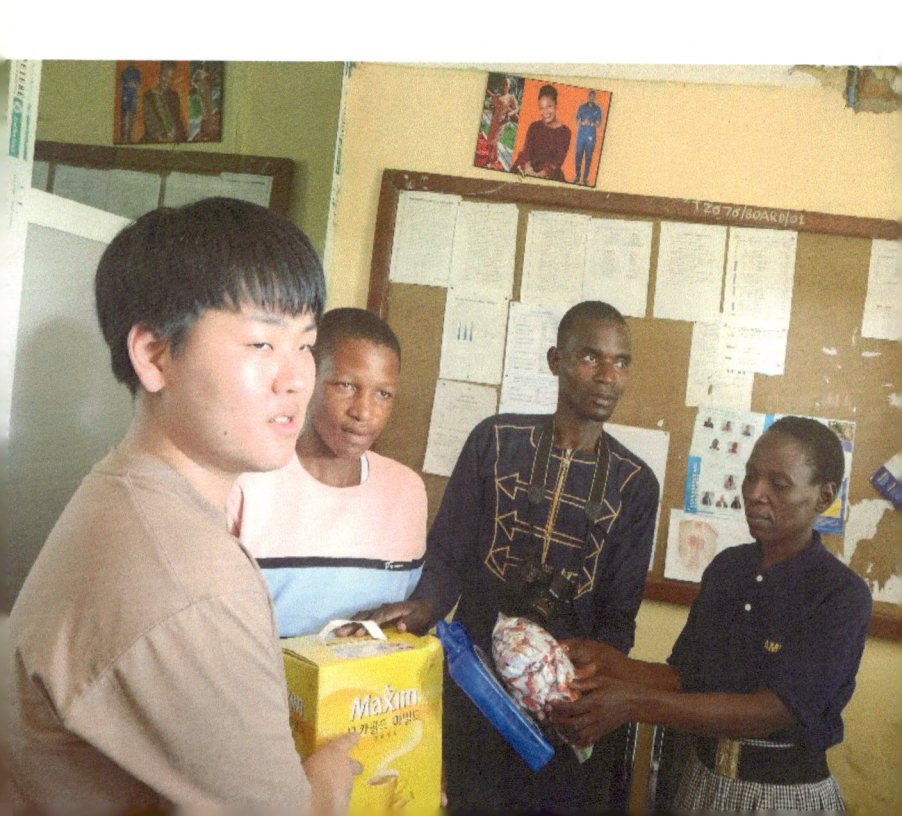

# 6. 제레마이아를 만나고3

학교 투어도 마치고 이제는 정말로 제레마이아의 집으로 갔다. 갈수록 시골 중의 시골, 외지 중의 외지로 느껴지는 집들이 보였고, 멀리 보이는 집 중 드디어 제레마이아의 집을 볼 수 있었다. 집은 하나의 큰 집에 온 가족(15명) 정도가 모여서 살고 있었고 큰 마당이 있었다. 그곳에 차를 세우고 내리는 순간 제레마이아의 엄마가 환영을 해주었다. 그 분은 예상과 달리 풍채가 거대했다. 최소 100kg 이상인 것 같았다. 가족 구성원들과 짧은 인사를 마치고 곧바로 집으로 들어갔다. 거실로 보이는 그곳에서는 탁자 하나와 의자 4개가 있었다. 내가 앉아도 되는지 몰라서 우물쭈물하고 있을 때 옆에 있는 총책임자님과 목사님이 앉으라고 했다. 어디에선가 계속 새로운 의자가 들어오는 것을 보고 나는 앉았다.

방 안에는 약 20명 정도가 옹기종기 앉아 있었다. 긴장은 됐지만 어색하지는 않았다. 조금 후 자기소개를 시작했다. 나는 영어로 자기소개를 했다. 그 후 제레마이아의 어머니가 자기소개를 했고 제레마이아의 아버지, 할아버지까지 자기소개를 했다. 모두 박수로 각자 소개가 끝났다. 그 후, 선물 증정 시간이 있었다. 나와 내 가족이 챙겨온 축구공, 필기구, 학용품, 생필품 등을 선물했다. 그들은 굉장히 기뻐했다. '띠리리리리리리' 소리를 내면서 말이다. 처음에는 조금 당황스러웠지만 그들만의 축하 방식이라는 점을 받아들이고 나서부터는 고마워졌다. 그리고 나도 선물을 받았다. 한눈에 봐도 수공업의 느낌이 물씬 나는 선물들이었다. 하나는 나무 주걱이었다. 표면이 매우 매끄러운 것이 특징이였다. 또 다른 하나는 이름이 없는 탄자니아 전통 주방 도구였다. 여러 가지 주방용품을 한곳에 모아서 보관할 수 있는 도구로 천장에 매달아 사용하면 된다고 했다. 하지만 두 선물 모두 요리에 사용하지는 않을 것 같다.

"

7. 세렝게티에서

대부분의 사람들은 아루샤에서 출발해 세렝게티로 가지만 나는 므완자에서 출발했다. 출발부터 차를 통해 이 여정이 일반적이지 않을 것이라는 것을 알 수 있었다. 숙소 앞에서 기다리고 있던 차는 일반적인 차보다 두 배 이상 큰 토요타의 랜드크루저 모델이었다. 차의 반 이상이 물에 잠길 것을 대비해 배기구도 백미러 옆에 특수 설치해 놓은 것을 보고, 여정에 대해 잠시 다시 생각해 보게 되었다. 므완자에서 출발해 세렝게티 입구로 가는 데 1시간 30분이 걸렸다. 보통 1시간 30분 동안 차를 타고 이동해야 한다고 하면 핸드폰 없이 버틸 수 없지만 세렝게티를 가는 길은 달랐다. 시간 가는 줄 모르고 지나가는 마을과 사람들을 구경했다. 도시의 공사 현장, 자전거로 물건을 나르는 사람, 아이들이 노는 모습, 지나가는 염소와 소 떼, 가끔씩 출몰하는 강아지까지, 일반적인 사람 사는 세상이었다. 차가 가는 길은 꽤 포장이 잘 되어 있었고 그 와중에 먹었던 사탕수수도 굉장히 맛있었다.

그렇게 세렝게티 입구에 도착했고 나의 2박 3일 여정이 시작되었다. 첫째 날에는 모든 것이 신기했다. 저기 멀리서 사슴 한 마리, 기린 한 마리가 굉장히 신기했고 사진을 미친 듯이 찍어댔다. 또 머지않아 다른 종류의 사슴 한 마리와 화려한 새도 한 마리 발견할 수 있었다. 세렝게티 입구에 들어온 지 이제 막 10분도 채 되지 않았는데 앞으로는 얼마나 많은 동물을 볼 수 있을지 기대가 됐다. 하지만 기대가 무색하게 입구 부분이 끝나자 10분, 20분을 달려도 동물을 발견할 수 없었다. 나는 랜드크루저의 뚜껑을 열고 습한 바람을 맞으며 동물이 어디 있는

지 관찰할 뿐이었다. 그럼에도 불구하고 내가 관찰할 수 있는 것은 푸른 초원뿐이었다. 하지만 갑자기 가이드분의 무전이 울리더니 차는 급하게 우회전을 하여 한 나무로 직진하고 있었다. 그곳에서 인생 처음으로 야생의 사자를 볼 수 있었다. 가까이서 나무 아래에 있는 사자를 보았을 때 그 긴장감과 기쁨은 말로 표현할 수 없었다. 사자는 별다른 반응이 없었다. 인간이 귀찮은지 자다가 깬 사자는 태연히 걸어서 멀어졌다. 다양한 동물을 많이 보고 밤이 되어 숙소로 돌아가던 중, 나는 걱정이 되기 시작했다. 정부 기관에서 투자를 해서 만드는 므완자 공항조차 화장실이 푸세식이었는데, 세렝게티 한복판에 있는 텐트는 상황이 얼마나 열악할지 상상도 되지 않았다.

캠프 입구에 들어서며 나는 굳게 마음을 먹었다. 하지만 입구에서 여러 직원들이 능통한 영어로 나를 반갑게 맞이하며 웰컴 드링크까지 제공하는 캠프의 퀄리티에 당황했다. 그럼에도 불구하고 큰 기대는 큰 실망을 만들기 때문에 실제 숙소에 들어가기 전에는 기대하지 않으려고 노력했다. 그 덕분에 숙소에 입장하는 순간 나는 굉장히 만족할 수 있었다. 양변기가 있고 샤워시설이 구비되어 있으며, 침대도 있었다. 다음 날 투어를 위해 빠르게 잠에 들었다.

세렝게티 투어 2일 차에서 본격적으로 많은 동물들을 보기 시작했다. 아침 9시부터 오후 3시 정도까지 투어를 진행했는데 인생에 한 번뿐인 경험인 세렝게티 투어를 하루에 6시간씩만 한다는 것이 어쩌면 시간 낭비로 보일 수도 있으나 습하고 더운 세렝게티의 날씨와 험한 세렝게티의 길을 6시간 이상 운전해서 돌아다니는 것은 가이드뿐만 아니라 관광객에게도 힘들기 때문에 적당한 시간이었다. 2일 차에는 예상하지 못한 경험을 할 수 있었다. 차가 고장 난 것이었다. 깊은 물웅덩이를 지나가는 과정에서 차의 서스펜션이 망가져서 세렝게티 여행은 예정에 없던 차량 정비소를 들르게 되었다. 사자와 표범이 서식하고 있는 국립공원 한가운데에 차량 정비소가 있다는 것 자체도 놀라웠지만 그곳에 상주하고 있는 직원들이 있다는 것에 더 놀랐다. 정비소는 굉장히 허름했다. 여러 도구들이 바닥에 널브러져 있었고 폐차와 폐타이어가 정비소 끝 쪽에 놓여 있었다. 그럼에도 불구하고 대략 20분 만에 용접을 하여 서스펜션을 고치고 세렝게티 여행은 다시 시작될 수 있었다. 부족한 도구로 차량을 수리하려다 보니 자연스럽게 능력치가 올라간 것이 아닐까? 이 사람들에게 제대로 된 도구와 배울 수 있는 기회가 있다면 어땠을까 하는 생각이 들었다. 차량 정비소 방문도 흥미로운 경험이었지만 2일 차에 가장 놀라웠던 것은 세렝게티 동물들의 migration을 볼 수 있었다는 것이다. 강을 넘어 엄청나게 많은 누, 얼룩말, 사슴 떼 등이 함께 조화롭게 풀을 뜯고 누워 있는 모습을 보니 장관이라는 생각을 할 수밖에 없었다.

 차를 타고 10분을 달려도 끝이 보이지 않는 동물의 떼를 보니 새삼 왜 세렝게티가 그토록 유명한지 실감할 수 있게 되었다. 하지만 내가 본 것은 migration의 극히 일부분이라는 가이드의 설명을 듣고 진짜

migration은 도대체 얼마나 클지 예상이 가지 않았다. 또한 2일 차에는 사자가 누를 사냥하는 모습도 직관할 수 있었다. 누가 물을 마시러 주변의 강가로 걸어가고 있을 때 사자는 500m 뒤에서부터 천천히 속도를 올려가며 누를 추격하고 있었다. 그리고 마침내 그 거리가 100m 정도로 좁혀졌을 때 사자는 급격히 속도를 올려 누를 습격했다. 사자는 결국 사냥을 성공했다. 사냥에 성공한 이후에도 사자는 누의 목을 물고 놓을 생각이 없는 듯 보였다. 다음은 어떻게 할지 계속 지켜보고 싶었지만 일정상 움직일 수밖에 없었다.

3일 차는 세렝게티를 나와 아루샤로 가는 과정이었다. 이미 1, 2일 차 때 동물을 많이 관찰해 흥미가 점점 떨어지고 있을 때쯤, 초희귀 동물인 코뿔소를 발견했다. 멸종 위기종인 야생 코뿔소는 나라에서 개체 수를 관리하여 일반 사람들은 몇 마리가 있는지도 모르는 초희귀 동물이다. 아쉽게도 코뿔소를 바로 앞에서 보지는 못했지만 저 멀리 지평선 근처에 코뿔소의 형태를 감상하는 것으로 만족해야 했다.

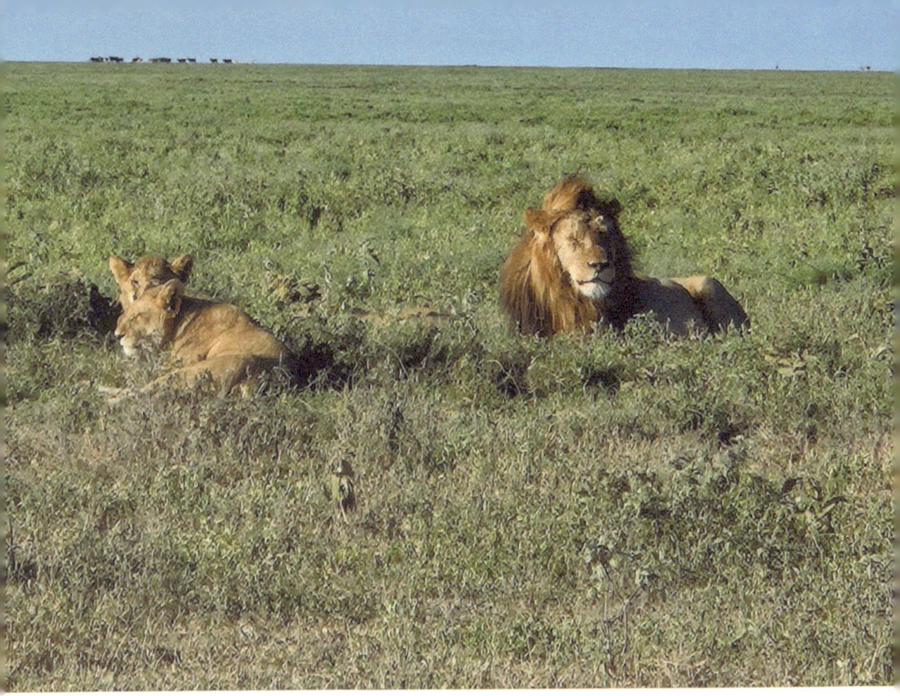
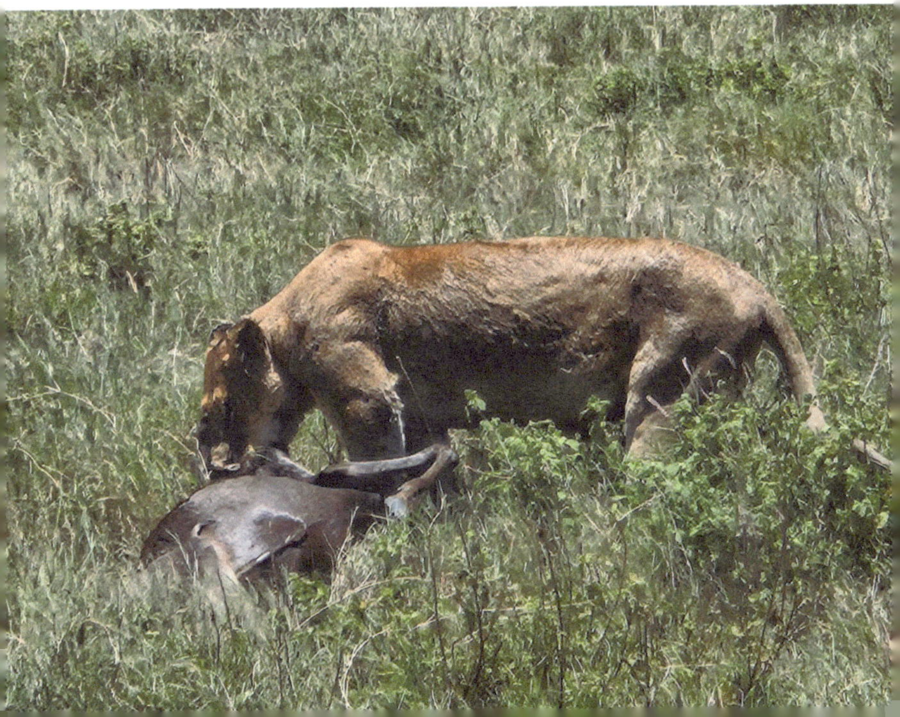

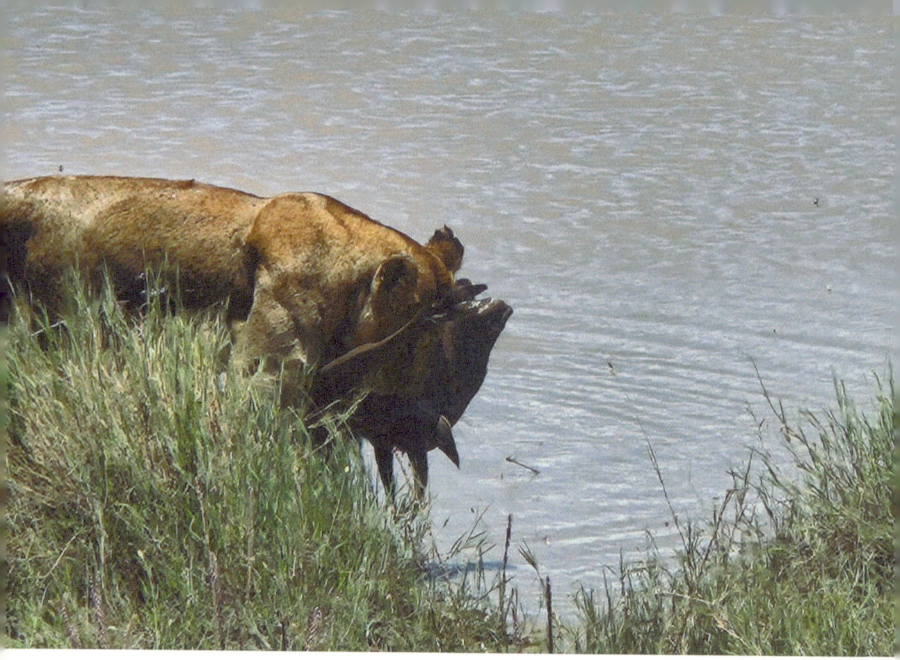

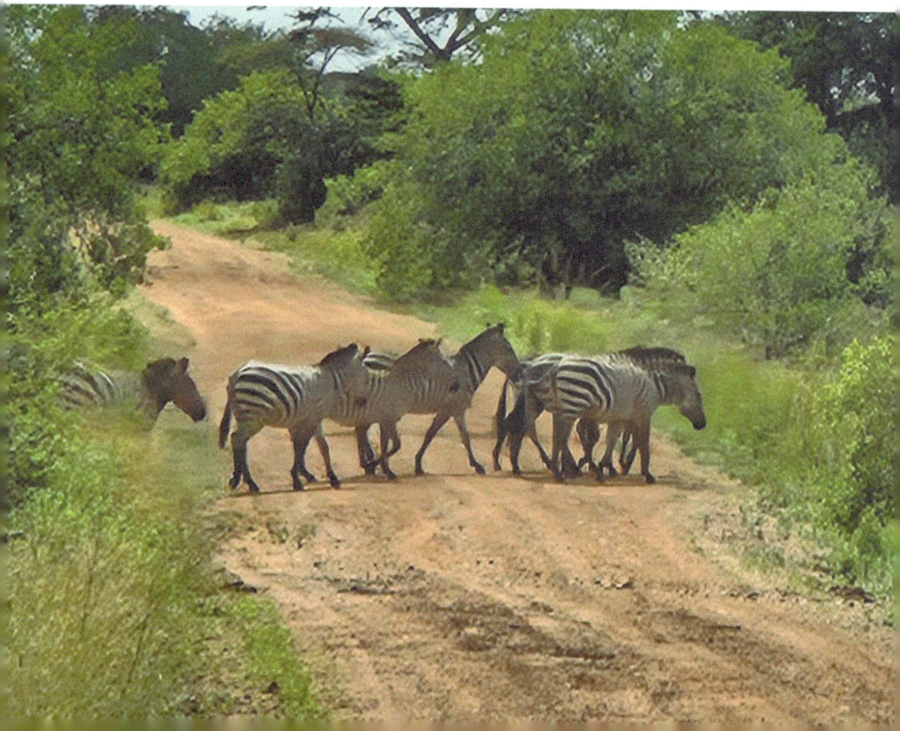

# 8. 다양성의 조화

잔지바르는 95%의 무슬림과 3%의 기독교인, 1%의 힌두교인, 그리고 나머지 1%의 무교로 구성되어 있다. 그렇기 때문에 내가 잔지바르에 도착한 3월에는 대부분이 해가 떠 있는 동안 금식을 하고 있었다. 라마단 기간의 원칙은 해가 떠 있는 동안에는 물도 마시지 못한다는 것이다. 하지만 이렇게 엄격한 규칙 속에서도 사람들은 꽤나 자유로워 보였다. 우리가 기사나 뉴스에서 보는 무슬림들은 라마단 기간에 물병에 손이라도 대면 즉시 체포되어 처벌받을 것 같지만, 대부분의 이슬람 국가는 그런 분위기가 아니다. 오히려 사람들은 저녁에 먹을 것을 사기 위해 해가 떠 있는 동안에도 음식점에 가서 음식을 사고, 먹지는 않으면서 앉아 있었다. 물론 대부분의 음식점은 문을 닫았지만 말이다.

나도 그곳에서 음식을 샀는데 가게 주인이 음식점 안에서 먹는 것은 힘들 것 같다고 했다. 가게 안은 무슬림들로 꽉 차 있었기 때문에 사실 나도 그곳에서 먹고 싶지는 않았다. 먹지 못하는 사람들 앞에서 음식을 맛있게 먹으면 종교와 관계없이 기분이 불쾌할 수 있는 것은 당연한 것이기 때문에 최대한 사람이 없고 특히 무슬림이 없는 곳으로 가서 밥을 먹고자 하였다. 그래서 나는 잔지바르에 있는 교회 두 곳 중 하나에 방문해서 음식을 먹었다.

교회 안은 외국에 있는 우리나라 대사관에 들어온 느낌이었다. 불안한 외국 거리에서 우리나라 사람만 있는 치외법권 지역으로 들어온 듯한 느낌이었다. 아무튼 거기서 점심을 먹고 교회를 둘러보았는데 놀랄 수밖에 없었다. 무슬림 국가에 있는 성당 치고는 굉장히 크다는 것과 300년 전에 건설되었음에도 불구하고 아직도 운영되고 있다는 것이었다. 실제로 꽤 체계적으로 운영되고 있었는데, 잔지바르 언어인 스와힐리어로 예배를 한 번 진행하고 스와힐리어를 못 하는 사람들을 위해 영어로 한 번 더 진행한다고 했다. 또한, 원래 교회 터가 노예 시장 터라 역사적으로 의미가 있어 보존도 잘 되어 있으며 한켠에는 작은 박물관까지 있었다.

  교회를 둘러보고 점심을 먹은 후에는 로컬 시장에 갔다. 로컬 시장에는 사람이 정말 많았고 생선, 고기, 향신료, 과일 등을 팔고 있었다. 무슬림이 대부분인 국가이지만 일하기 편한 작업복을 입고 장사를 하는 경우도 많았다. 압도적으로 무슬림이 많은 국가에서 다른 종교들은 상대적으로 배척받는 경향이 있다. 하지만 잔지바르는 이런 다양함 속에서 조화를 이루고 있었다.

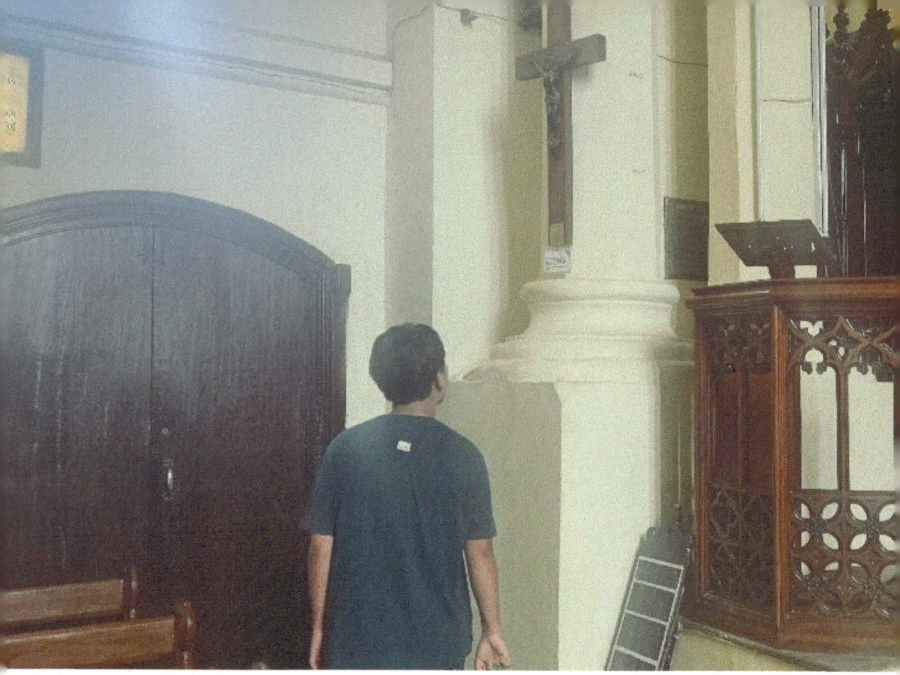
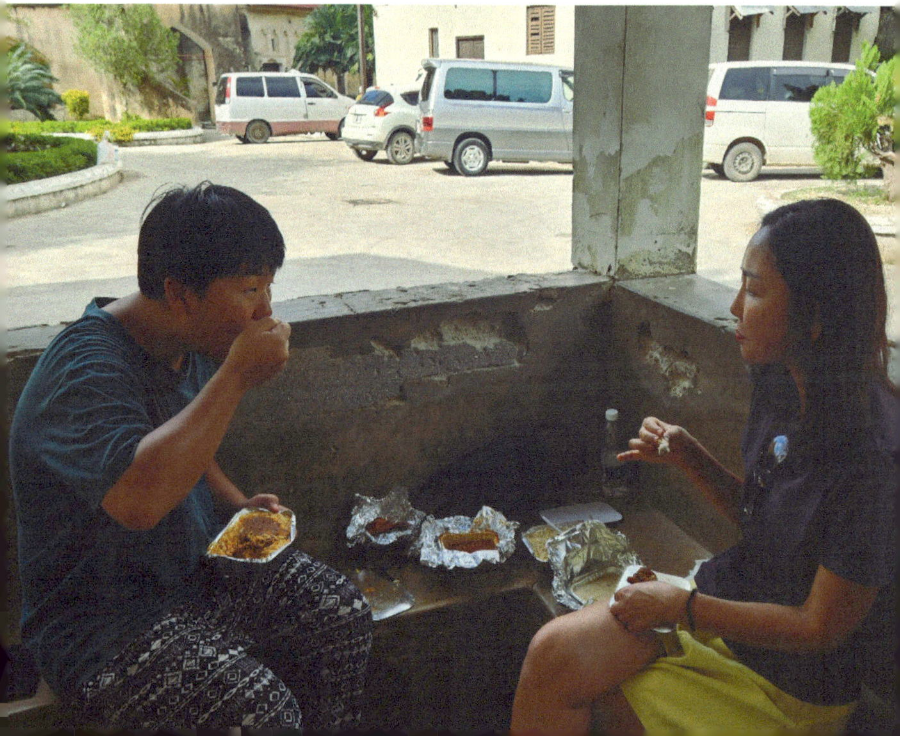

"

9. 음식으로 바라본 탄자니아

탄자니아에 온 지 이제 3일째가 되었다. 하지만 이동하는 시간이 길었기 때문에 실질적으로 체류한 기간은 2일 정도로 볼 수 있다. 공항의 직원들이 굉장히 느리고 답답했다. 그들 때문에 대기 시간이 더 길어진 것도 있다.

호텔 조식을 제외하고 탄자니아에서 밥을 먹은 것은 3끼 정도 된다. 신기하게도 3끼 모두 정말 비슷하게 먹었다. 모든 식당에서 공통적으로 닭튀김 혹은 닭구이가 메뉴의 80%, 비리야니가 10%를 차지했다. 3일 내내 닭만 먹었는데 굉장히 건강해지는 기분이었다. 하지만 그와 별개로 느낀 점이 하나 있다. 멍청하게 느껴질 정도로 음식이 솔직하고 담백하다는 것이다. 예를 들어 우리가 fried chicken을 시키면 당연히 튀김옷이 두껍게 입혀 있는 치킨을 생각한다. 하지만 여기는 그런 거 없다. 그냥 닭고기를 기름에 집어넣었다가 뺀 맛이다.

또 하나의 예를 들어보자면, 나는 식당에서 감자튀김을 시켰는데 20분 동안 기다렸다. 감자튀김을 주문하고 이렇게 오래 기다려 본 적이 없어 상당히 당황했지만 접시를 받고 보니 미리 튀겨놓은 것이 아니라 그냥 주문받고 기계 없이 현장에서 바로 튀긴 것이라는 것을 알게 되었다.

이 사람들은 돈을 벌고 싶지 않은가? 그냥 되는 대로 열심히 사는 것일까? 여러 가지 궁금점이 생겼다.

10. 잔지바르

잔지바르는 대륙에 있는 탄자니아와는 다른 점을 공항에서부터 느낄 수 있었다. 국제선을 위한 공항은 통유리로 덮여있고, 신식 기술과 건축 기법을 이용해 만들어졌다는 것을 쉽게 알아챌 수 있었다. 잔지바르는 유럽 사람들이 많이 오는 휴양지라는 것을 알고 있었지만, 탄자니아 본토와 이 정도로 차이가 날 줄은 몰랐다.

잔지바르에는 이 외에도 많은 차이점이 있다. 우선 인구의 95%가 무슬림으로, 기독교가 많은 탄자니아 본토와는 차이가 있다. 인종에서도 차이가 있는데, 잔지바르는 예로부터 무역의 중심이었기 때문에 다양한 인종이 잔지바르를 거쳐갔다. 한때 잔지바르는 술탄의 지배를 받기도 했으며, 그 결과 아랍인, 흑인, 인도인 등 많은 인종이 섞여 있다.

무역 이야기를 할 때 빼놓을 수 없는 두 단어는 향신료와 노예일 것이다. 후추, 생강, 정향, 시나몬, 바닐라 등 유럽 사람들에게 인기가 많은 향신료는 언제나 높은 값으로 거래되곤 했다. 그 역사가 잔지바르에도 남아있다. 잔지바르의 술탄은 클로브(clove)라는 향신료가 큰 돈이 될 수 있음을 직감하고 섬 전체에 클로브 농장을 만들어 대량으로 생산했다.

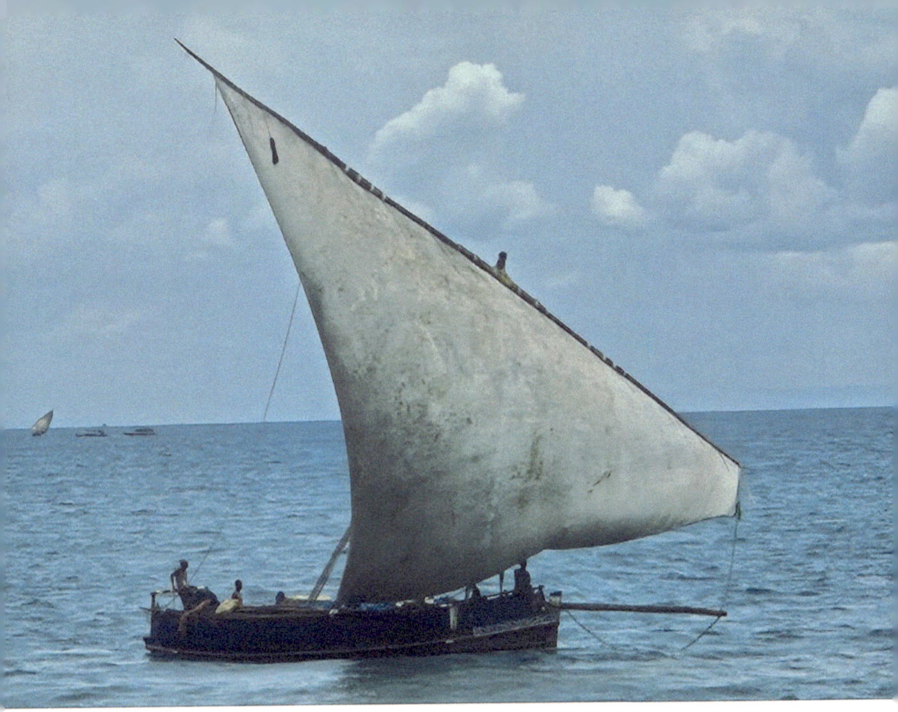

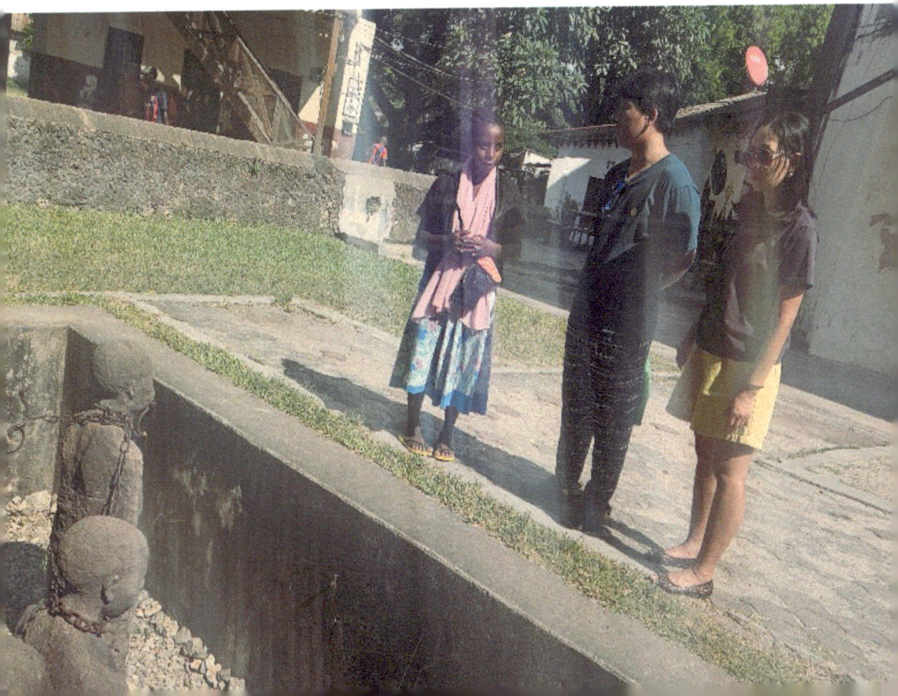

잔지바르의 향신료에 대한 깊은 역사를 체험해보기 위해 현재도 존재하는 잔지바르 향신료 농장을 방문해보았다. 농장은 크지 않았다. 다양한 이름 모를 나무들이 여러 그루 심어져 있었고, 그 옆에서 빨간 옷을 입은 직원들이 관광객들에게 투어를 해주거나 기념품을 만들고 있었다. 또한, 닭들도 주변을 배회하고 있었는데, 농장의 향신료를 먹고 자란다고 해서 'Zanzibar Spice Chicken'이라고 불린다고 한다. 그곳에서 실제로 여러 향신료의 맛을 보고 그것을 어떻게 재배하는지에 대한 설명도 들었다.

또한, 잔지바르에 남아있는 노예 무역의 역사에 대해서도 알아보았다. 잔지바르에 존재했던 가장 큰 노예 무역 광장을 방문해 노예들이 어떻게 팔렸고 어떤 취급을 받았는지 알아보았다. 굉장히 아이러니한 점은 예전에 노예 무역을 하던 곳에 잔지바르의 첫 번째 교회가 세워졌다는 것이다. 지금도 그 교회의 지하에 가면 실제로 노예들이 시장에 팔려가기 전 대기했던 비좁은 방에 들어가볼 수 있었다. 방은 반지하 구조로 설계되어 있었다. 물론 섬 특성상 굉장히 습했고, 반지하 방은 더욱 습할 수밖에 없었다. 하지만 내가 그 방에서 느낀 습함에는 무언가가 더 있었다. 그 방의 공기를 들이마실 때 무거운 짠 맛이 느껴졌다.

자유를 박탈당한 삶은 어떤 삶일까? 다른 사람이 시키는 일을 강제로 죽을 때까지 하는 삶은 얼마나 고통스러울지 가늠할 수 없었다. "자유"란 무엇일까? 우리는 대부분 자유로운 삶을 살고 있다고 생각한다.

우리가 어떤 삶을 살지 우리의 선택으로 결정한다고 생각한다. 하지만 나의 선택이 오로지 나에 의해서가 아니라 외부의 요인에 간섭을 받았다면 정말 내가 자유로운 선택을 한 것이 맞을까? 인간은 사회 구성원으로서, 가족으로서, 한 인간으로서 여러 의무가 주어진다. 우리는 때로 의무에 의해 원하지 않는 선택을 하게 된다.

이 경우 그 선택은 자유롭고 나답지 않을 것이다. 자유롭고 나다운 삶을 살기 위해 모든 의무를 무시해야 할까? 하지만 그것은 인간이라 부를 수 없을 것이다. 의무가 없는 삶에서의 자유는 주체적인 삶보다는 동물적 본능에 의존하는 삶이 될 것이다. 정녕 의무와 자유 사이에서 타협점을 찾을 수는 없는 것일까? 명확한 답은 없다.

각자의 상황에 따라 의무가 더 큰 비중을 차지할 수도 있고, 자유가 더 큰 비중을을 차지할 수도 있다. 그럼에도 불구하고 절대 피해야 하는 것이 있다면, 도망치는 것이다. 의무에서 도망치는 것은 인간다운 행동이 아니며, 자유에서 도망치는 것 또한 인간다운 행동이 아니다. 선택의 순간마다 우리는 항상 고민해야 한다. 그 순간마다 우리는 자유를 선택할 수도 있고, 의무를 선택할 수도 있다. 그러나 자유를 선택했다고 의무를 버린 사람이 되거나, 의무를 선택했다고 자유를 버린 사람이 되는 것은 아니다. 중요한 것은 본능대로 편한 선택을 한 것이 아니라 깊은 고민과 갈등을 했다는 것이다.

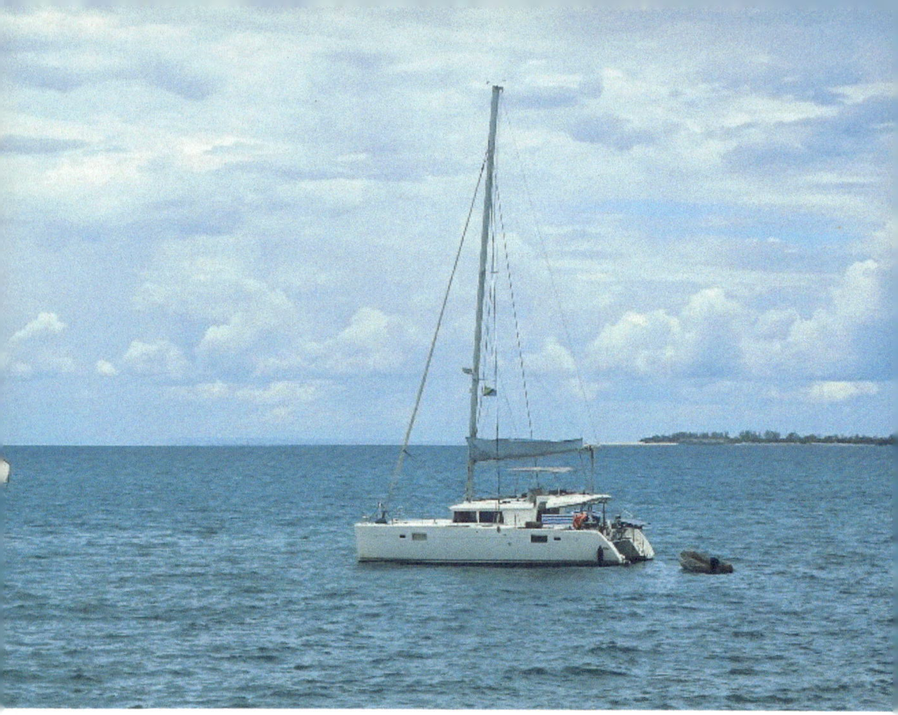

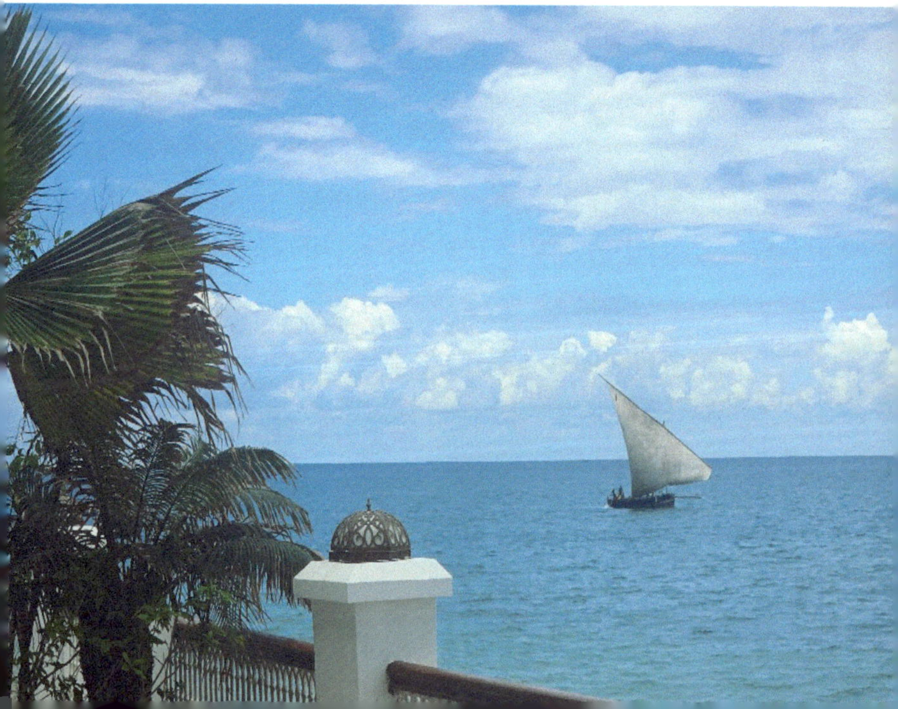

"

11. THIS IS AFRICA

아프리카에서의 모든 일정을 마치고 느낀 감정과 생각을 정리해봤다. 나는 신이 아니기 때문에 미래가 어떻게 될지는 잘 모르겠다. 하지만 현재 탄자니아, 특히 시골에서의 삶은 매우 비참하다. 비참하다고 하는 것은 물질적인 것이 기준이 아니다. 물론 한국의 기준에서 평가했을 때 일반적인 탄자니아 사람의 물질적인 생활은 비참한 것은 맞지만 진짜 문제는 그것이 아니다. 꿈과 희망이 없다는 것이다.

 얼핏 봤을 때, 탄자니아 도시에서의 생활보다 시골에서의 생활이 더 나을 것 같기도 하다. 도시는 너무 작은 면적의 땅에 너무 많은 사람들이 모여 있어 시끄럽고 비위생적이며 위험하다. 반면에 탄자니아의 시골은 밥을 굶는 수준의 가난함은 면하는 수준에서 고요하고 평화롭고 범죄로부터 상대적으로 안전하다.

 하지만 탄자니아의 시골은 꿈과 희망이 없다. 꿈과 희망이 없는 상태의 삶은 "생존"하는 것이지 실제로 인생을 "살고 있다"라고 보기에는 어렵다. 탄자니아의 시골에는 도로가 없고 전기가 통하지 않는다. 비가 오는 우기에는 아예 외부의 출입이 불가능할 때도 많다. 해가 지기 시작하면 집으로 들어가야 하고 할 수 있는 것도 없다. 이런 상황에서 보통 시골의 아이들이 할 수 있는 것은 낮에 농사를 짓고 밤에 자는 똑같은 일상을 반복하는 것이다.

 물론 이런 삶이 나쁘다는 것이 아니다. 하지만 축구선수가 되고 싶은 사람도 있고 옷장을 만드는 것을 배우고 싶은 사람도 있으며 대학에 진학하여 연구자를 하고 싶은 사람도 있다. 그러나 이들은 시골에 살기 때문에 대단히 굳센 의지가 없으면 그 꿈을 시작하기도 전에 모두 접어 버리고 포기하고 만다.

안타깝다.

PART 3
나름, 타이탄의 도구들

1. 나름, 타이탄의 도구들

타이탄의 도구란 내가 일이나 업적을 이룰 수 있게 도와주는 나의 특성을 말한다. 내가 현재 이뤄 놓은 일이나 업적은 없기 때문에 나를 구성하는 요소 중에서 장점이 더 많은 것에 대해 소개하고자 한다.

결단력

 나는 중요한 선택의 순간에서 결정을 내릴 수 있는 결단력이 있다. 사실 선택하는 것 자체는 큰 능력이 아닐 수 있다. 왜냐하면 결국 모두 인생에서 중요한 선택을 할 때 대신해 줄 수 있는 사람은 없고 오로지 본인의 판단으로 어떤 것이든 선택하게 되기 때문이다. 하지만 나의 능력은 선택했을 때 돌아보지 않을 수 있다는 것이다. 나의 선택에 대한 믿음이 있고, 그 믿음을 바탕으로 도전하고 앞으로 나아갈 용기를 얻는다.

둔함

 보통 사람이 둔하다고 하면 긍정적인 의미로 말하는 것은 아닐 것이다. 하지만 나의 경우에는 조금 다르다. 둔하다는 것은 언행이나 행동이 느리다고 한다. 하지만 이를 다른 말로 하면 외부의 자극에 잘 영향 받지 않는다는 뜻일 수도 있다. 인간은 사회적인 동물이기 때문에 여러 사람과 교류하고 서로 영향을 받으며 살아가는 것이 자연스러울 수 있다. 하지만 때로는 주변의 분위기에 무관하게 결정을 해야 할 때가 있다. 내 인생의 중요한 선택을 주변 사람들에게 맡긴다는 것은 큰 후회가 따를 수 있다. 물론 선택의 결과가 좋지 않으면 과거에 주변 사람들의 말을 듣지 않았던 것을 후회할 수 있다. 그럼에도 불구하고 평생 나의 진심과 진실된 결과를 궁금해하며 살아가는 것도 큰 고통이 따를 수 있다. 내 인생의 주인공이 나이기 위해서 둔함은 큰 장점이 될 수 있다.

양심

나는 절대 착한 사람이 아니다. 인생을 살면서 셀 수도 없을 정도로 크고 작은 잘못들을 많이 저질러 왔다. 그럼에도 불구하고 나는 양심이 나의 가장 중요한 "타이탄의 도구"라고 생각한다. 나는 선택해야 할 때마다 어김없이 내 머릿속에서 또 다른 내가 나를 평가한다. 생각하고 싶지 않지만 또 다른 나는 특정 선택을 하는 나의 심리와 마음을 분석한다. 그리고 내가 그 선택으로 어떤 사람이 되는지 알려준다. 이런 식으로 알고 싶지 않은 정보를 알게 되면 삶이 너무 지치고 피곤해진다. 그 무엇도 할 수 없기 때문이다. 아무리 작고 사소한 결정을 하더라도 내 머릿속에서 나는 항상 속물적이고 이기적이며 남을 배려할 줄 모르는 사람이 되어 있을 뿐이다. 그렇기에 나는 항상 내 머릿속의 이상과 현실 사이에서 타협을 해야만 한다. 많은 사람은 이런 나를 멍청하다고 부른다. 하지만 멍청하게 살아도 나는 나의 삶을 살기로 했다. 물론 나의 삶을 산다고 해서 그 과정에서 내가 허용한 나의 행동들이 모두 정당화되는 것은 아니다. 당연히 인간이기에 지탄받아 마땅하거나 비도덕적인 행동도 분명히 있을 것이다. 하지만 나만의 삶과 공동체 속에 속해 있는 나 사이에 균형이 무너지지 않고 극단으로 치우치지 않게 바로잡아주는 것이 양심이라고 생각한다.

"

2. 비행기에서 생긴 일

베트남에서의 모든 일정을 마치고 나는 마침내 한국으로 돌아가는 비행기에 올랐다. 저가항공인 VietJet을 탔기 때문에 약 5시간의 비행 시간 동안 발생할 수 있는 일들을 대비하기 위해 단단히 준비했다. 좌석에 TV가 달려 있지 않기 때문에 넷플릭스에서 '오펜하이머'와 '삼체 시즌 1'을 다운로드해 두었다. 또한, 기내에서 물이나 음료수도 제공하지 않아 공항에서 차가운 물 3병을 사서 탑승 시간을 기다렸다.

 하지만 비행기에서는 예상치 못한 문제가 발생했다. 캐리어를 비행기 위쪽 짐칸에 넣던 중 실수로 다른 사람의 발을 밟아버린 것이었다. 나는 즉시 "죄송합니다"라고 사과했지만, 상대 여자는 대답이 없었다. 의아하게 생각했지만, 대화하는 것을 싫어하는 사람이라 여겼고 나는 자리에 앉아 오프라인 저장한 유튜브 동영상을 보기 시작했다.

 전 세계에 부는 미성년자 SNS 금지 법안을 재미있게 보고 있던 중, 갑자기 누군가 나에게 말을 걸어왔다. 내가 실수로 발을 밟은 여성이었다. 그녀는 나에게 성인인지 미성년자인지, 그리고 이름을 물어봤다. 이유를 몰라 질문을 되물었지만, 그녀는 다시 나의 나이와 이름을 물었다. 긴장한 상태에서 질문에 답을 한 후, 그녀의 의도에 충격을 받을 수밖에 없었다. 그녀는 발이 부러진 것 같다며 고통을 호소하는 것이었다.

 나는 즉시 참을 수 없는 분노가 끓어오르는 것을 느꼈다. 앞에 앉아있는 여성을 향해 주먹을 휘두르고 싶은 충동이 일었다. 하지만 문명화된 사회에서 살고 있기에 끓어오르는 분노를 억누르고 다시 한 번 사과했다. 결국, 그 비행기에서 넷플릭스를 보지도, 유튜브를 보지도 않았다. 그냥 잠을 청했다.

3. 센터의 친구들

센터에 가게 된 계기는 나의 의사가 아니었다. 오히려 나는 굉장히 가기 싫어했다. 나는 검증받은 실력과 자격도 없는 고등학교 졸업도 못한, 더 자세히 말하자면 고등학교를 휴학한 실패자일 뿐인데 내가 누군가를 가르칠 수는 없다고 판단했기 때문이다. 엄마는 나에게 교회를 통해 아는 분이라고 그 센터의 책임자이신 선교사님의 연락처를 알려주셨다. 내가 선교사님과 대면으로 마주 보게 될 일은 없을 것이라 생각해 따로 연락을 드리지는 않았다. 하지만 엄마의 강력한 권유로 딱 한 번만 가보기로 했다. 첫째 날 선교사님과 이야기해볼 수 있는 기회가 생겼다. 선교사님은 이것이 센터의 학생들에게도 좋은 기회가 될 수 있지만 나 또한 회복시켜줄 수도 있다고 말씀하셨다. 그래서 나는 두 번째 날, 다음 주에 한국사 수업을 준비해서 가기로 했다.

준비하는 동안 여러 고민을 했다. 너무 만만해 보이면 안 되기 때문에 어려운 주제를 선택하면서도 모두가 이해할 수 있는 적당한 수준의 난이도로 수업을 준비해야 했다. 수업 방식에 있어서도 고민이 있었다. 모두가 재밌게 참여할 수 있도록 질문도 하고 토론도 하면서 모두가 같이 소통할 수 있는 참여형 수업으로 진행해야 할지, 아니면 진도에 맞추기 위해 주입식으로 진행해야 할지에 대한 고민도 있었다. 결국 아무것도 제대로 결정하지 못하고 센터로 가게 되었다.

센터에 가면서 내가 회복될 수 있었던 이유는 전에 이해하지 못했던 것들을 이해할 수 있게 된 덕분이었다. 예전에는 다른 사람이 특정 방식으로 살고 그들의 선택이 이해되지 않을 때도 있었다. 하지만 지금은 각자의 삶이 있고, 각자의 자리에서 열심히 노력하는 것이 인상 깊게 다가온다.

4.
"나는 메트로폴리탄의 경비원입니다."
를 읽고

"포기할 수 있는 용기".

 열심히 헌신적으로 노력했음에도 불구하고 목표를 이루지 못할 때, 그 목표를 포기할 수 있는 결단력을 "포기할 수 있는 용기"라고 사람들은 부른다. 나 또한 그런 포기할 수 있는 용기를 가진 사람들을 대단하게 생각했지만, 한편으로는 이해가 되지 않았다. 높은 사회적 지위와 많은 재산이 보장될 수 있는 길을 미련 없이 포기하고 자신의 인생을 확률에 맡기는 행동이 너무 이상해 보였다.

 강인한 결단력으로 자신이 선택한 길을 걸으며 "성공"한 사람들의 사례를 존경하는 사람들은 이성적으로 사고할 필요성이 있다고 생각했다. 왜냐하면 성공한 사람들의 그림자 뒤에 묻혀 빛을 보지 못한 절대다수의 사람들의 인생은 보지 않고 있기 때문이다. 빛을 보지 못한 그 사람들에게는 안타까운 감정도 들었다. 조금만 더 시도했더라면, 시험을 한 번만 더 봤더라면, 직장에서 1년만 더 버텼다면, 훨씬 더 풍족한 삶을 살 수 있었을 텐데 말이다.

 하지만 나는 「나는 메트로폴리탄 미술관의 경비원입니다」를 읽고 조금 생각을 바꾸게 되었다. 주인공은 뉴욕에서 대학을 나온 후 더 대우가 좋은 일자리를 찾을 수 있었음에도 불구하고 형을 잃는 사건을 겪고 자신이 어릴 적 흥미가 있었던 미술관에 경비원으로 취직하게 되었다. 그때 나는 "포기할 수 있는 용기"가 아니라 "앞으로 나아갈 용기"였다는 것을 깨달았다. 그들은 자신의 목표를 바꾼 게 아니라 한층 더 발전시킨 것이었음을, 뒤로 후퇴한 것이 아니라 잠시 옆으로 좀 걸어갔을 뿐인 것을.

 원형 육상 트랙에서 가장 안쪽 레인이 결승선까지의 거리가 제일 짧다. 하지만 옆 레인, 조금 더 거리가 먼 레인이라고 해서 거부감을 가질 필요는 없다. 안쪽 레인의 사람을 보며 부러워할 필요도 없다. 우리는 각자 다른 달리기를 하고 있는 것이다.

5.
피로 만든 규칙, 개와 고양이의 진실

나는 원래 개를 좋아한다. 사실 지금도 골든리트리버를 키우고 있다. 고양이를 키우는 사람들이 스스로 "집사"라 자처하며 고양이에게 빌빌거리는 모습을 볼 때마다 너무 한심해서 눈 뜨고 봐줄 수 없었다. 하지만 개의 경우에는 확실히 내가 우위에 있는 당연한 관계가 가능하다. 관계의 우위에서 행복을 느끼는 것이 아니라, 연약한 생명체를 나의 희생과 노력으로 키우는 행복이 있는 것이다. 만약 자신이 아니었다면 길거리에서 자면서 사냥을 해서 살아가야 할 고양이를 자기 돈으로 집을 주고 밥을 주고 관심과 사랑을 주는데, 정작 "집사"는 고양이 애교를 보기 위해 구걸하고 있는 모습이 이해되지 않았고 분노가 느껴졌다. 하지만 리트리버를 키우게 되면 내가 아주 조금만 제공해줘도 무한한 사랑과 관심, 그리고 애교를 귀찮을 정도로 받을 수 있다. 고양이의 의리 없고 인지상정이 없는 태도에 환멸을 느끼지 않을 수 없었다.

그러나 여행 차 탄자니아를 방문하고 나서 고양이에 대한 시각이 달라졌다. 탄자니아 길거리에서는 개보다 고양이가 많아 그들을 관찰할 기회가 많았다. 길거리, 음식점, 풀숲, 의자 아래 등 어디를 가도 쉽게 고양이들을 볼 수 있었다. 고양이들은 혼자 있기도 하고 함께 모여 있기도 했다. 특히 사람이 없는 한적한 시골 지역은 고양이들이 혼자서 지내고, 사람이 밀집된 도시 지역은 고양이들이 함께 지냈다. 하지만 사는 지역을 막론하고 고양이들은 사람들에 대한 경계심이 없었다. 손을 내밀면 코를 "콩" 하고 갖다 대고, 내 주위를 맴돌면서 자신의 몸을 내 다리에 부볐다. 그리고 내가 자리에 앉아 있을 때 올라오라고 바디

랭귀지로 설명하면 올라와서 얌전히 내 옆에 앉아 있었다. 또한, 식당에서 밥을 먹고 있을 때 고양이가 다가오는 것을 보고 내가 먹고 있는 생선을 조금 나눠주었더니, 다음 날 내 숙소 문 앞에서 나를 기다리고 있었다. 한국의 고양이들과는 완전히 다른 모습을 보고 매력을 느끼게 되었다.

 고양이의 특성은 주변의 환경에 의해 정해지는 것 같았다. 한국 고양이들은 한국의 상황과 주인들 때문에 그런 특성을 가지게 된 것 같다. 그래서 나는 한국에 돌아가자마자 페르시안 고양이 한 마리를 입양하고, 좋게 성장할 수 있는 환경을 만들어주기 위해 최선을 다했다. 그러자 내 기대대로 고양이는 탄자니아에서 봤던 것처럼 무뚝뚝하면서도 얌전한 애교가 있는 고양이가 되었다.

 개와 고양이를 같이 키우는 것이 조금 걱정되긴 했지만, 골든리트리버는 원래 사랑이 많고 긍정적인 개라 일단 같이 키우기로 했다. 초반에는 두 동물이 서로 잘 지내는 것 같았다. 새로 입양한 고양이는 낯을 많이 가려서 최대한 혼자 있으려고 했지만, 리트리버가 끊임없이 다가가서 결국 고양이와 서로 친해진 것 같았다. 새로 입주한 고양이를 위한 애완용품도 다양하게 구매했다. 밥통, 집, 캣타워, 고양이용 사료 등을 구매했고, 그것들을 집에 배치하기 위해 소파를 옮기고 침대를 재배치하는 등의 곤욕을 치르기도 했다. 결론적으로 어찌하여 모든 가구를 배치했다.

또한, 고양이가 얌전하면서도 활발하고 친근하게 클 수 있게 리트리버와 함께 놀아주었다. 리트리버에게는 공을 던져주고 고양이에게는 실뭉치를 던져주었다. 리트리버가 활발해서 그런지 고양이의 실뭉치까지 뺏어서 놀았고, 그걸 쫓는 고양이를 보게 되었지만, 친구가 되는 과정이라 생각한 나는 흐뭇하게 바라보았다.

하지만 어느 날, 일이 끝나고 집에 돌아오니 항상 나를 맞이하기 위해 달려오던 리트리버가 보이지 않았다. 집은 어질려져 있고 캣타워와 개집이 모두 박살 나 있었다. 재빨리 안방으로 들어가 보니 고양이는 힘없이 축 늘어져 있고 털이 흩날리고 있었다. 리트리버는 온 집안에 휴지를 날렸을 때의 눈빛을 하고 있었다. 나는 재빨리 CCTV를 확인해 봤다.

처음 본 CCTV 화면은 평화로워 보였다. 평화롭다기보다는 3차원의 일을 2차원의 면 위에 표현한 것이니 생동감이 없었다는 표현이 더 정확할 것이다. 하지만 왜인지 2차원의 면에서 나는 3차원의 음산함을 느낄 수 있었다. 두 동물 모두 내가 알고 있는 모습이 아니었다. 내가 집에 있을 때는 같이 잘 놀던 두 동물이 내가 집을 나가자 그 어떠한 교류도 하지 않았다. 물리적인 접촉이 없었을 뿐더러 눈 한 번 마주치지 않았다.

그렇게 적막의 시간을 빨리 감지하고 식사 시간에 화면을 다시 자세히 살펴보았다. 그때 갑자기 고양이가 난데없이 개밥을 훔쳐 먹는 것이었다. 고양이 사료도 밥그릇에 충분히 쌓여 있었는데, 리트리버와 기싸움을 하기 위해서 그런 것으로 보였다. 하지만 그 시비의 대가는 참혹했다. 리트리버는 2초간의 경직 후에 고양이를 향해 돌진했다. 리트리버가 고양이를 입에 물자마자 고개를 상하좌우로 마구 흔들면서 이빨을 더 꽉 깨물었다. 고양이는 중간에 소리 지르며 반항했지만 리트리버는 더 묵묵하게 자기 할 일을 할 뿐이었다.

그때 내 코트 주머니 깊숙이 뭔가가 잡혔다. 웬 종이가 있었다. 꺼내어 읽어보니 "절대 강아지와 키우지 마시오." 자연이 그렇게 정한 것에는 이유가 있는 것이고, 전통은 피로 만든 규칙서이다.

"

6.
음악으로 만난 세상
"슈퍼 슈퍼 슈퍼 그래요"

새벽 6시 23분 30초. 이 시간에 적어도 의식이 잠에서 깨어야 6시 30분까지 학교 앞 운동장으로 모일 수 있다. 아침에 일찍 일어나는 것을 강제하는 학교지만, 최소한의 배려로 6시 10분이 되면 기숙사에 큰 음량으로 학생들이 신청한 그날의 음악을 틀어준다. 1분, 30초, 1초까지의 수면 시간이 모두 소중하기 때문에 나는 항상 6시 23분 25초쯤에 의식이 깬 후 지체하지 않고 곧바로 침대에서 일어나서 핸드폰과 에어팟을 챙기고 6시 23분 40초까지 기숙사 문을 여는 훈련을 한다. 문 밖으로 나선 후에는 에어팟을 귀에 꽂고 최대 음량으로 박자가 빠른 힙합 음악을 들으며 최대한 의식을 붙잡아 두려고 노력한다.

이날도 새벽 2시에 잠든 후 4시간 정도밖에 못 자는 신세를 한탄하고 있는 여느 날과 다르지 않은 날이었다. 하지만 그날은 의식에서 깨자마자 귓가로 이상한 노래가 들려왔다. "슈퍼~, 슈퍼 그래요~" 6살짜리 아이들이나 들을 것 같은 유치한 노래를 도대체 누가 신청했을까 하고 생각하던 순간, 나는 아직 침대에서 내려오지 않았다는 것을 깨달았다. 기겁하며 침대에서 내려와 핸드폰을 확인해보니 시간은 6시 17분이었다. 1분 1초라도 더 자기 위해 설계된 내 몸이 고작 이런 유치한 노래를 듣자고 6분이나 일찍 깨어난 것이 어이가 없었다. 하지만 신기하게도 그날은 일어나면서부터 항상 느꼈던 죽고 싶은 마음, 10분이라도 더 자고 싶은 마음이 들지 않았다.

충격적인 경험이었다. 물론 바로 다음 날부터 다시 1분 1초에 집착하는 삶으로 돌아갔지만, 정말 힘든 시기에는 아주 미세하고 쓸모없어 보이는 것도 당사자에게는 큰 도움이 될 수 있다는 것을 느꼈다.

7.
모든 것은 상상하기에 달렸다

모든 것은 상상하기에 따라 달라진다. 내가 생각하고 상상하는 방식에 따라 최고의 경험도 수준 이하가 될 수 있고, 최악의 경험도 의미 있게 볼 수 있다. 예를 들어, 사람에게 밥을 먹는 것은 굉장히 중요하다. 많은 사람들이 식사 시간 2시간 전부터 무엇을 먹을지 고심한다. 생존에 필수적인 요소를 떠나, 그날 어떤 음식을 먹느냐에 따라 그날의 기분이 정해지기도 한다. 예상치 못하게 맛있는 음식을 먹었을 때는 하루 종일 기분이 좋다. 하지만 수준 이하의 식사를 해도 상상하기에 따라 최고급 식사가 될 수 있다.

예를 들어, 하루가 바빠서 저녁을 쌀밥, 김치, 김, 콩나물 정도밖에 먹을 수 없다고 하자. 현대인에게는 부족한 식사가 될 수 있지만, 조선 시대 농민의 입장에서 보면 아주 풍족한 식사일 것이다. 그러면 밥을 먹을 때 자신이 방금 막 힘든 농사 일을 끝마치고 온 농민이라고 상상하면 된다. 그렇게 하면 밥 한 술에서 단맛, 짠맛, 고소한 맛을 다 느낄 수 있다. 결국 식사를 마칠 때는 감사하고 풍족한 식사를 할 수 있게 된다.

생각의 힘은 대단하다. 상상의 경지에 이르면 당신은 15세기 대항해 시대의 선원이 될 수도 있고, 화성에 사는 유일한 사람이 될 수도 있다. 이런 놀이는 아무리 시간이 지나도 흥미가 떨어지지 않는다. 게임을 하거나 운동을 하는 등 현실 세계의 활동은 그 한계가 명확하지만, 상상에는 한계가 없다. 가만히 앉아서 상상하는 것만큼 재미있는 놀이가 있을 수 없다.

하지만 때로는 상상은 굉장히 위험할 수 있다. 자신이 세운 목표와 현실 사이의 괴리가 너무 클 때, 특정 사람들은 목표를 이룬 자신의 모습을 상상하며 그것이 현실이라고 믿는다. 나 또한 그랬다. 나의 목표는 고등학교에서 좋은 성적과 활발한 동아리 활동으로 모두에게 인정받는 능력 있는 사람이 되는 것이었다. 하지만 현실은 정반대였다. 아무리 노력해도 성적은 오르지 않았고 중위권을 맴돌 뿐이었다. 학교 친구들과도 잘 어울리지 못했다. 집에서 내 인생 대부분을 살았던 나는 나의 성격과 특성이 가족이 아닌 다른 사람들에게 어떻게 받아들여질지 인지하고 있지 않았다. 나의 상상 속 모습과 현실의 차이는 너무 컸다. 그래서 나는 상상을 현실이라 믿기로 했다. 내 머릿속에서 상상을 현실로 믿게 된 순간 나는 실제로 목표를 이루기 위해 어떠한 노력도 할 필요가 없게 됐다. 목표는 높지만 노력은 하지 않는 상태, 이런 상태가 지속될수록 더욱 나를 심하게 파괴했다. 아무리 상상을 현실이라 믿어도 눈앞에 보이는 현실을 완전히 부정할 수는 없었다. 내가 믿고 싶은 현실과 반대되는 진짜 현실을 볼 때마다 나는 괴로웠고 무기력해졌다. 더 이상 그 무엇도 보고 싶지 않았고, 어디도 가고 싶지 않았다. 도망치고 싶었다.

"

8. 나의 수집 목록

내가 어렸을 때 처음으로 간 미국 여행에서 내 눈에 띈 것은 스노우 글로브였다. 눈이 내리는 배경에서 자유의 여신상과 엠파이어 스테이트 빌딩이 당당하게 서 있는 모습은 나에게 강렬한 자극을 주었다. 기념품 상점에서 이것을 두고 지나칠 수 없었던 나는 바로 구매해버렸다. 스노우 글로브를 처음 봤을 때의 강렬한 인상을 지울 수 없었고, 미래에 가게 될 모든 여행지에서 그 지역을 대표하는 스노우 글로브를 구매해야겠다는 생각을 가졌다.

하지만 여행을 계속할수록 처음과 같은 그 감동을 느낄 수는 없었다. 미국 여행 이후에 보게 된 스노우 글로브들에는 처음에 느꼈던 강렬한 인상은 없고, 작고 하찮아 보이는 랜드마크와 허접한 마감만이 보일 뿐이었다. 썩 내키지 않았음에도 불구하고 나중에 후회할 수도 있다는 생각에 나는 구매했다. 하지만 어느새 구매한 스노우 글로브들은 어딘지 모를 집 구석에서 스노우만 쌓이고 있을 뿐이었다. 그럼에도 불구하고 가는 여행지마다 스노우 글로브를 사는 내 습관을 버릴 수는 없었다.

나는 한 번 무시하기 시작하면 나중에 정말 감동적인 스노우 글로브가 있어도 무심코 지나칠 수도 있다는 걱정에 휩싸였다. 그러자 어느 순간부터 내가 좋아하거나 예쁘거나 멋있다고 느낀 스노우 글로브를 구매하는 것에 집중하는 게 아니라, 덜 안 좋은 스노우 글로브를 사는 것이 목표가 되어 버렸다. 심지어 가끔 여행이 끝난 후 구매한 스노우 글로브를 다시 봤을 때 어디서 산 것인지 기억을 못 할 때도 있었다. 내가 구매한 기념품으로는 여행을 기념하기는커녕 여행지를 기억하기도 힘들게 됐다.

 탄자니아 여행에서도 나는 어김없이 스노우 글로브를 찾았다. 하지만 탄자니아에 그런 것은 존재하지 않았다. 나는 알 수 없는 편안한 아쉬움으로 다른 기념품들도 자세히 구경할 수 있게 됐다. 그러자 그토록 찾아다니던 강렬한 인상과 감동적이고 예술적인 기념품을 마침내 찾을 수 있었다.

9. 체스

요즘 AI가 크게 발전하면서 예술 분야의 직업들이 AI에 의해 대체되지 않을 직업으로 꼽히고 있다. 예술 분야의 대표적인 예로는 스포츠, 음악, 미술 등이 있으며, 인간의 창의성과 감정에 그 근거를 두고 있다. 아무리 인공지능이 발전해도 인간의 창의성과 감정을 따라 할 수 없다는 것이다. 하지만 날이 갈수록 발전하는 인공지능 기술은 인간의 최소한의 방어선마저도 허물고 있다.

AI 이미지 생성기와 ChatGPT는 인간보다 훨씬 효율적으로 상당한 수준의 그림을 그려내고 글을 만들어낸다. 가수의 음성을 AI로 분석해 새로운 노래를 만들어내기도 하고, 사망한 배우의 생전 모습을 분석해 영화를 만들기도 한다.

이 시점에서 우리는 다시 생각해 봐야 한다. 무엇이 우리를 인간답게 만들어주는 것일까?

체스에서는 1980년대 이후로 인간이 컴퓨터에게 상대가 되지 않을 정도로 실력 차이가 많이 나는 상황이다. 세계 최고의 인간 플레이어가 컴퓨터와 1000번 대국을 가졌을 때 1000번 모두 지는 상황일 정도로 인간과 인공지능의 실력 격차는 이미 걷잡을 수 없이 커져버렸다. 인공지능이 두는 체스를 분석해보면 굉장히 체계적이고 논리적이며 완벽한 최선의 수를 둠을 알 수 있다. 모든 수에는 그에 합당한 논리적 근거가 있으며 자신의 공격을 10수 전부터 체계적으로 준비할 수도 있고 상대 공격을 예상해 수비적으로 게임을 하거나 반격을 노리는 모습까지 볼 수 있다. 이런 게임을 보고 있으면 아름답다는 감탄사가 절로 나오지만, 예술이라고 부르지는 않는다. 모든 수에 합당한 논리적 근거가 있을 수는 있어도 감동이 없기 때문이다.

 인간의 체스에는 실수가 난무한다. 흔히 "밥 먹고 체스만 하는" 세계 최고의 체스 그랜드마스터들조차도 최선의 수를 찾지 못하고 실수를 하는 경우가 흔하게 발생한다. 그들은 항상 최선의 수를 두지 못한다. 인공지능과 다르게 20수 앞을 예측할 수 있는 능력도 없다. 하지만 그들은 "이렇게 하면 어떨까"라는 생각을 할 수 있다. 참과 거짓만을 다루는 인공지능은 하지 못하는 것이다. 우리 삶에는 "절대"란 존재하지 않는다. 특정 상황에서 절대적으로 맞는 행동과 절대적으로 틀린 행동이 존재하지 않는다. 우리는 단지 선택을 할 뿐이고 그 결과를 지켜보는 것이다. 그렇기에 인공지능은 우리에게 감동을 주지 못하는 것이다. "절대"의 영역에 인간은 공감하기 힘들다.

10. 성공을 향해서

성공이란 무엇인가? 어릴 때부터 우리는 항상 성공해야 한다고 교육받는다. 성공하기 위해 게임 대신 책을 읽어야 하고, 친구들과 놀러 갈 시간에 학원 하나라도 더 가야 한다. 적어도 나는 그렇게 배웠다. 그렇다면 자연스럽게 따라오는 질문이 있다. 성공이란 무엇일까?

돈을 많이 버는 것이 성공일까? 분명히 성공일 것이다. 원하는 것이 있으면 살 수 있고, 먹고 싶은 게 있으면 먹을 수 있으며, 하고 싶은 것이 있으면 아마도 할 수 있을 것이다. 오죽하면 "돈으로 안 되는 것이 있으면 돈이 부족한 것은 아닌지 생각해 보라"라는 말도 있다. 명예가 성공일까? 당연히 성공일 것이다. 많은 사람들이 사회적으로 존경받고 명예가 있는 전문직이 되기 위해 현재를 희생한다. 그들은 편안히 쉬고 싶은 욕구를 이겨내고 쏟아지는 잠을 버티며 하루하루 치열하게 살아간다. 하지만 이것이 성공의 전부라면 돈과 명예를 얻지 못한 사람들은 무엇을 위해 살아온 것일까?

실패는 자연스럽고 예측 불가능한 것이다. 모두가 목표한 것을 달성할 수는 없고, 언제 어디서 변수가 커질지 모르기 때문이다. 그럼에도 불구하고 결과가 실패라고 해서 실패에 이르기까지 한 노력들이 의미 없어지는 것은 아니다. 왜냐하면 그 속에서 분명히 작은 성공들이 있기 때문이다. 최종 목표에 도달하지는 못했어도 진심을 다해 노력했다면 분명히 그 과정에서 달성한 작고 소소한 목표들이 있을 것이다. 즉, 그 작은 성공들을 위안 삼고 실패로부터 배우며 앞으로 나아가는 삶이 바로 성공하는 삶이라고 할 수 있을 것이다. 그리고 이런 "성공한 삶"이 아니라 "성공하는 삶"은 남녀노소 불문하고 누구나 성취 가능한 것이다.

  나 또한 인생에서 처음으로 큰 실패를 겪었다. 고등학교를 휴학해야 할 정도로 큰 실패를 겪은 후 나는 지금까지 했던 모든 노력의 결과가 결국 실패라는 것에 절망했다. 하지만 실패에 좌절하고 여기서 포기하는 것이 오히려 지금까지 내가 했던 모든 것을 부정하는 행위일 것이다. 그래서 나는 포기하지 않고 미래를 보기로 했다. 어쩌면 또 실패를 겪을지도 모른다는 생각이 잠깐 뇌리를 스쳐 가지만 상관없을 것 같다. 그때 또 일어나면 되니까 나는 앞으로 나가기로 했다.

"

11. 스토리

사람의 운명은 정해져 있을까? '될 놈 될, 안 될 놈 안 돼'라는 말이 있다. 될 놈은 어떤 일을 해도 되고 안 될 놈은 그 어떤 일을 해도 안 된다. 인생의 상당수의 부분이 운으로 결정된다. 태어나는 조건, 신체적 특성, 지능과 같은 선천적인 것 말고도 우리는 살면서 운으로 결정되는 일을 많이 경험한다. 인생에서 확실히 운이 차지하는 부분이 크다고 볼 수 있다. 하지만 결과가 정해져 있다고 그 과정에 있는 노력들이 헛수고가 되는 것은 아니라고 생각한다. 정해져 있는 결과에 도달하기까지 한 노력들과 그로 인해 생긴 내 삶의 이야기들, 그것이 가치 있다고 생각한다.

에필로그

처음에 글을 쓰기 시작했을 때, 나는 설렘보다는 의문과 두려움이 많았다. 어떤 글을 쓸지도 불분명한 상황에서, 예전에 읽었던 에세이나 소설 같은 글들이 떠올랐다. 내 기억 속의 글들은 언어를 잘 다루고 창의적인 발상이 뛰어나야 쓸 수 있는 것들이었다. 나는 항상 "완벽하게 할 수 없으면 하지 말자"라는 생각을 가지고 살아왔기 때문에 이번에도 완벽한 수준의 글을 쓰지 못할 거라면 시작하고 싶지도 않았다.

처음부터 "완벽하게 할 수 없으면 하지 말자"라는 관점이 있었던 것은 아니었다. 어릴 때는 도전이 어렵지 않았고 즐거웠다. 하지만 어느 시점부터 내가 하기 힘든 일, 내 능력으로 달성하기 힘든 목표들이 생기면서, 그리고 그 목표들이 내 인생에 직접적으로 큰 영향을 미칠 것이 확실한 상태에서, 점점 새로운 도전이 힘들어졌다. 글을 쓰기 시작하면서 내 생각을 정리해 보니 그런 관점 속에 숨어 있던 나의 속마음을 알 수 있었다.

나는 나와 같은 목표 또는 더 높은 목표를 가진 사람들이 나보다 훨씬 더 빠르고 쉽게 그 목표에 가까워지는 것을 보고 허탈함과 무기력함을 느꼈다. 그것은 나로 하여금 남들의 노력을 비난하고 깎아내리며 나의 목표를 포기하게 만들었다. 더 큰 문제는 정말 진실되게 포기하지는 않았지만 남들과 나를 비교하는 것이 너무 힘들어서 포기하게 되었다는 것이다. 그 결과 나는 내가 무엇을 원하는지도 모르면서 그냥 주어진 일을 하는, 하는 척하는, 고문에 가까운 일상을 계속했다.

글은 흔들리던 나의 중심을 잡아주었다. 글을 쓰는 과정에서 어떻게 하면 내 생각들이 타당하고 논리적으로 합당한지 증명하기 위해 많은 고민이 필요했다. 내 생각에 대해 고민하면서 나는 진짜 나의 모습과 내가 가짜로 만들어낸 나의 모습을 발견했다. 물론 글이 만병통치약처럼 마법적인 힘을 가진 것은 아니었다. 글을 마무리하는 순간에도 사실 내가 미래에 무엇을 하고 싶은지 확고하게 정하지는 못했다. 하지만 그럼에도 불구하고 한 가지 확실하게 얻은 것이 있다면 "나답게" 살 수 있게 되었다는 것이다.

"완벽하게 할 수 없으면 하지 말자." 요즘 사회 전반적으로 많이 퍼져 있는 생각이다. 공부도 제대로 하지 못하면 "그렇게 하느니 차라리 논다"라는 소리가 나오고, 서울에 있는 대학에 진학하지 못하면 "그런 대학에 가서 시간과 돈을 버릴 바에는 일을 한다"라고 말한다. 심지어 일을 시작하고 나서도 "그런 직장에서 일을 할 바에는 좀 더 노력해서 더 좋은 직장을 가겠다"라는 생각을 한다. 우리는 인생에 걸쳐 항상 더 좋은 것을 갈망한다. 물론 그것이 사람의 숨은 잠재력을 이끌어내는 원동

력이 될 수 있지만, 반대로 그 사람의 현실과 목표 사이에 괴리감을 만들어 인생을 완전히 파괴할 수도 있다. 사람에게는 각자 자신의 능력이 있다. 다양하면서도 그 최대치가 높은 사람이 있고 낮은 사람이 있다. 앞으로는 완벽하게 하지 못하더라도 노력을 했다는 것에 의의를 두는 사회가 되었으면 좋겠다.

우리가 알 수 없는 초월적인 이유로 우리의 행동과는 무관하게 일어날 일이 정해져 있다는 믿음은 우리 삶에 안정감을 주기도 하고 때로는 절망적인 허무주의로 빠지게 만들기도 한다. 인간과 인공지능에게는 각자 다른 운명이 있다. 실수할 운명, 완벽할 운명. 인간은 아무리 발전해도 실수할 수밖에 없고, 인공지능은 발전할수록 더욱 완벽에 가까워질 것이다. 인공지능은 결국 완벽해질 것이다. 하지만 인간은 아무리 시간이 흘러도 그 운명이 정해져 있을 수는 없을 것이다. 우리의 일상생활에서의 모든 선택, 그것이 크든 작든, 우리는 미래를 예상하고 선택을 하지, 완벽히 알고 선택하는 것은 아니다. 선택의 결과가 우리의 예상에 들어맞을 때도 있고 틀릴 때도 있으며, 그것은 우리에게 큰 기쁨을 주기도 하고 말로 형용할 수 없을 정도의 좌절감을 주기도 한다. 우리의 일반적인 삶에 공감하고 감동을 받을 수 있는 것은, 적어도 절대적인 것을 다루는 인공지능은 아닐 것이다.

Special Thanks to ...

"천 리 길도 한 걸음부터"라는 속담이 있다. 아무리 어려워 보이는 일이라도 하나부터 차근차근 해나가면 충분히 달성할 수 있다는 것이다. 나에게는 이 책을 쓰는 과정이 천 리 길처럼 끝이 안 보이는 힘든 여정이 될 것이라고 예상했다. 나는 그 천 리 길을 다 걷고 나서야 그 경험이 나에게 큰 도움이 되었다는 것을 알게 됐지만, 첫발을 내딛는 것이 너무 힘들었고 고민이 많았다. 그런데 막상 원고를 모두 작성하고 보니 가장 힘들었던 것은 시작이라는 것을 깨달았다. 내가 첫발을 내디딜 수 있도록 도와준 분들께 감사를 드린다.

2024년 7월24일 초판1쇄 발행

지은이 | 장승필
사　진 | 장승필
펴낸곳 | 다돌출판사
펴낸이 | 최미숙

편　집 | 김대철
교열교열| 김대철 최수진

주소 서울시 성동구 뚝섬로1나길 5 S-626
이메일 daebaksir@gmail.com

ISBN 979-11-983727-3-4

책값은 뒷표지에 있습니다.
잘못된 책은 구입한 곳에서 교환해 드립니다.

* 이 책은 저작권법에 의해 보호받고 있으므로 무단 복제 및 전재를 할 수 없으며, 이 책의 전부 또는 일부 내용을 사용하려면 저작권자의 사전 동의를 받아야 합니다.
- 장승필 -